JAVA 5

Novedades
del Lenguaje

Título:

Java 5: Novedades del lenguaje

Autores:

Marcello Valeri

Giuseppe Naccarato

Portada:

Giuliano Valeri

ISBN: 978-1-4303-0128-8

Introducción

Desde el 1995, año de su primera distribución, Java tuvo muchos cambios con el subseguirse de las versiones. Nuevas clases, métodos, paquetes se agregaron, otros se convirtieron obsoletos, pero nunca el cambio fue tan grande como con el pasaje a Java 5: cambios en la sintaxis misma del lenguaje. Por eso, llegada a la 1.4, la siguiente versión no se llamó 1.5, sino directamente 5 para destacar el grande salto con respeto a las otras versiones. Porque cambiar el lenguaje? Java es un lenguaje nuevo, que en diez años se conquistó muchos usuarios por ser un lenguaje a objetos poderoso y al mismo tiempo fácil para programar. Sin embargo, con estos cambios Java quiere mejorar la vida del programador introduciendo novedades que facilitaran las tareas de escribir y manutener código y mantenerse al nivel de la competencia cual es c# y la plataforma .Net.

Como siempre los programadores no quieren los cambios, pero confío que la mayoría de ustedes apreciaran los novedades que mostraremos en este libro.

El libro se divide en ocho capítulos y en cada uno trataremos una nueva característica del lenguaje.

En el primer capitulo se introducirá la técnica del autoboxing, para manejar los tipos bases (int, char, double) como si fueran clases, evitando al programador de establecer correspondencias manuales entre los tipos bases y sus correspondientes clases wrapper (Integer, Char, Double).

En el segundo se vera una nueva sintaxis del bucle for para mejorar las posibilidades de recorrer colecciones y array, previniendo indices fuera de rango y pudiendo recorrer colecciones sin necesidad de acceder a sus iteradores.

En el tercer capitulo se explicaran los tipo genéricos (tipos de datos parametrizados) que permiten, entre otras cosas, tener colecciones de tipos concretos de datos, ahorrando conversiones cast al tipo que deseemos, puesto que la colección ya se asume que sera de dicho tipo.

En el cuarto capitulo se analizaran la novedad de los metadatos, o sea la posibilidad de añadir ciertas anotaciones en campos, métodos, clases y otros elementos que permitan a herramientas de desarrollo o de despliegue leerlas y realizar ciertas tareas.

El el quinto capitulo se verán los import estáticos que permiten importar los elementos estáticos (campos y métodos) de una clase, de forma que para referenciarlos no tengamos que poner siempre como prefijo el nombre de la clase.

En el sexto capitulo se introducirá el nuevo tipo enum, que permite definir las enumeraciones, un conjunto de posible valores o estados, entre ellos relacionados, que luego podremos utilizar donde queramos.

En el séptimo capitulo se analizara la nueva característica de escribir métodos con un numero variable de argumento.

Finalmente, en el capitulo octavo, se verán las característica del nuevo método format (o vieja printf, si conocen el C) para formatear la visualización de números, cadenas de caracteres y fechas.

Para todos los ejemplos se usara el entorno de desarrollo Eclipse. El libro incluye una apéndice con un tutorial para instalar Java 5 y dicho entorno.

Contenido

Capítulo 1

Autoboxing

La primera novedad que vamos a analizar de Java 1.5 es el *Autoboxing*, o sea la posibilidad automática de convertir tipos bases a clases wrapper y al revés.

Tipos bases y clases wrapper

Java es un lenguaje de programación orientado a objectos y, sin embargo, no todo lo que se utiliza es un objeto. En parte como heredad de los lenguajes declarativos, en Java existen lo tipos bases (como *int*, por ejemplo) que no son objetos y no hacen parte del árbol de las clases, a la raíz del cual está la clase *Object*.

Tipo	Descripción
boolean	Valores que pueden ser verdaderos o falsos
char	Caracteres de 16 bit
byte	Enteros de 8 bit con signo
short	Enteros de 16 bit con signo
int	Enteros de 32 bit con signo
long	Enteros de 64 bit con signo
float	Reales de 32 bit con coma móvil
double	Reales de 64 bit con coma móvil

Tabla 1. *Los tipos primitivos de Java son los mismos de los demás lenguajes de programación*

Como se utilizan los tipos base con otras clases? La distinción entre tipos bases y clases es muy marcada. Con las versiones anteriores a la 5, no se puede asignar a una instancia de una clase un tipo base y tampoco se puede hacer lo contrario. Los tipos base no tienen métodos ni campos. Igualmente, en muchas ocasiones, es necesario utilizar los tipos bases como si fueran clases para, por ejemplo, agregarlos a una *Collection*. Por eso existen las clases *wrapper*, literalmente que envuelven los tipos bases adentro de una clase. Por cada tipo base existe una correspondiente clase *wrapper* (tab.1.2).

Que tamaño tiene un entero?
Cada lenguaje de programación tiene el tipo base para representar un valor entero. Pero cual es el maximo y el minimo valor representable? O sea, cuantos bit se usan para memorizar un entero? Veamolos:

Java	32 bit
C++	16 o 32 bit (según el compilador)
Visual Basic 6.0	16 bit
Visual Basic 2005	32 bit

Clase Wrapper	Tipo Base
Boolean	boolean
Character	char
Byte	byte
Short	short
Integer	int
Long	long
Float	float
Double	double

Tabla 2. *Con la excepción de Integer y Character, todas las clases wrapper tienen el mismo nombre del tipo base con el primer carácter mayúsculo.*

Por ejemplo, la clase *Integer* posea un campo privado *value* de tipo *int* que contiene el valor original y un método *intValue()* para devolverlo. Veamos como utilizar la clase wrapper *Integer* para agregar un valor numérico de tipo entero a un *ArrayList*.

```
int i = 7;
ArrayList list = new ArrayList();
Integer wi = new Integer(i); // wrapper en acción
list.add(wi);
```

Luego es posible acceder al tipo base "envuelto".

```
Integer wi = (Integer) list.get(0); //Unwrapping
int i = wi.intValue();
```

Convertir cadenas de caracteres

La clases wraper, como Integer por ejemplo, pueden resultar muy útiles cuando queremos convertir una cadena de caracteres (o sea hacer el parsing) en un valor numérico. Cada clase wraper tiene un constructor que acepta como parámetro un objeto de tipo String y crea el correspondiente objeto numérico leyendo los caracteres como numerales. Obviamente, si la cadena contiene otro tipo de caracteres pueden salir excepciones de conversión.

Autoboxing

El *autoboxing* es la novedad introducida en Java 5 para acercar los tipos bases a las clases. Esto no significa que los tipos bases sean clases o que las clases *wrapper* no se usen mas, si no que es automatizado el procedimiento de envolver el tipo base. Consideremos la siguiente instrucción:

```
Integer k = 24;
```

En las versiones anteriores de Java, esta instrucción produce un error de compilación (fig.1).

```
Problems  Javadoc  Declaration  □ Console  ☒
<terminated> MainClass [Java Application] C:\Programmi\Java\jre1.5.0_06\bin\javaw.exe (23-mar-2006 18.07.58)
Exception in thread "main" java.lang.Error: Unresolved compilation problem:
        Type mismatch: cannot convert from int to Integer

        at MainClass.main(MainClass.java:7)
```

Figura 1.*En las versiones anteriores de Java, no hay ninguna posibilidad de conversión automática entre el tipo primitivo int y la clase Integer.*

Por lo contrario, en Java 5, es perfectamente correcta, porque se puede asignar un valor a una instancia de la clase *wrapper* directamente con el operador =. Esta técnica se llama *Autoboxing*.

Es también posible asignar un valor de un tipo base a una instancia de la clase *Object*.

```
Object obj = 35;
```

Lo que pasa en realidad es que se crea implícitamente una instancia de la clase *Integer* que viene asignada a una instancia de la clase *Object* (por supuesto *Integer*, como cualquier clase, es subclase de *Object*). Para entendernos, seria lo mismo escribir:

```
Integer iobj = 35;
Object obj = iobj;
```

> ### Tipos primitivos en C#
>
> En C#, el lenguaje que compite mas con Java, existen también los tipos primitivos (int, boolean, etc.). Sin embargo son, en realidad, "alias" de los objetos correspondiente. De esa manera no se necesita ninguna operación de wrapping o autoboxing. El C#, en este aspecto, se demuestra mas a objetos que Java.

El *autoboxing* se puede usar con todos lo tipos base y sus correspondientes clases *wrapper*.

```
Boolean b = false;
Double d = 3.88;
```

Las clases *wrapper* se vuelven muy útiles cuando necesitamos agregar valores de tipos bases a una *Collection*. Supongamos crear una ArrayList de enteros. Una *ArrayList* es una colección de objetos. Entonces no es posible agregar tipos bases que, como vimos, no son clases. Para lograr eso, tenemos que usar las clases *wrapper*. Veamos, antes, como usarlas sin aprovechar del *autoboxing*.

```
// Sin autoboxing(Java 1.4)
ArrayList list = new ArrayList();
list.add(new Integer(10));
list.add(new Integer(5));
list.add(new Integer(3));
```

En Java 5, utilizando el *autoboxing*, no se necesita mas crear de manera explicita las clases *wrapper*.

```
// Utilizando autoboxing (Java 5)
ArrayList list = new ArrayList();
list.add(10);
list.add(5);
list.add(3);
```

Vale la pena aclarar que eso no significa que los tipos bases sean vistos como clases o que no vengan creadas instancias de las clases *wrapper*, si no que todo el procedimiento de envolver los tipos base es automático, ofreciendo un código mas compacto y elegante.

ArrayList vs LinkedList

En los proyectos Java se suele encontrar un uso (y un abuso) de *ArrayList* frente a *LinkedList*. Cual usar entonces? El *ArrayList* está pensado para realizar búsquedas rápidas de información, el *LinkedList* no permite posicionarse de manera absoluta y por lo tanto no es conveniente para búsquedas. Por otro lado el *LinkedList* está pensado para realizar inserciones y eliminación de objetos situados al principio de la lista, funciona mucho más rápido que el *ArrayList* en inserciones, por ejemplo en la posición 0, cuando el *ArrayList* es muy grande.

Unboxing

El *unboxing* es el procedimiento opuesto al *autoboxing*. Se necesita cuando queremos volver a utilizar el valor que, con el *autoboxing*, envolvimos en una clase *wrapper*. Con las precedentes versiones de Java, eso se lograba llamando al método *xxxValue* de la clase *wrapper*. Para el tipo *int*, por ejemplo, se puede utilizar el método *intValue* de la clase *Integer*.

```
// wrapping
Integer  k = new Integer(5);
// unwrapping
int i = k.intValue();
```

Analicemos el código. El valor entero 5 viene envuelto en el objeto *k* (*Integer*) y luego se asigna a la variable *i* llamando al método *intValue*. En Java 5 el código utilizando la técnica de *autoboxing/unboxing* se transforma en:

```
// autoboxing...
Integer k = 5;
// unboxing...
int i=k;
```

Se puede ver como el código sea mucho mas claro y fácil para manejar, sin utilizar la clase *wrapper* de manera explícita. Sin embargo, cuando el valor está envuelto en una clase genérica, tenemos que explicitar la clase *wrapper* que queremos utilizar para el *unboxing*.

```
Object obj = 8;
// Unboxing da Object
int i = (Integer) obj;
```

En este ejemplo para obtener el valor entero del objeto *obj*, tuvimos que explicitar el *cast* a la clase *wrapper Integer*.

Para extraer un valor de un elemento de una *collection*, la técnica de *unboxing* no ofrece una ventaja respeto al uso de las clases *wrapper*. Eso pasa porque de toda manera es siempre necesario hacer el casting del elemento de la *collection* a la clase *wrapper* correspondiente. Veamos el siguiente ejemplo:

```
ArrayList list = new ArrayList();
list.add(10);
list.add(5);
list.add(3);
for (int i=0; i<list.size(); i++)
{
```

```
     int j = (Integer) list.get(i);
     System.out.println("List("+i+") = "+j);
}
```

En el bucle, como se puede ver, se accede al valor entero de la *ArrayList* utilizando el método *get* y haciendo el casting de lo que obtengamos. La única ventaja es que no tenemos que llamar al método *intValue*.

```
Problems  Javadoc  Declaration  🖳 Console  ✕
<terminated> MainClass [Java Application] C:\Programmi\Java\jre1.5.0_06\bin\javaw.exe (23-mar-2006 18.02.34)
List(0) = 10
List(1) = 5
List(2) = 3
```

Figura 2. *Sin llamar al método intValues, obtuvimos acceder a los valores de la lista*

La técnica de *unboxing* sera mas conveniente si usada junta con los *genéricos*, que se trataran en el capitulo 3.

Operadores con clases wrapper

Cuando se usa la técnica de *autoboxing* para un tipo primitivo, con el objeto de la clase *wrapper* que lo envuelve se pueden utilizar todos los mismos operadores del tipo primitivo.

En el ejemplo que vamos a ver, el objeto *k* viene aumentado utilizando el operador ++:

```
Integer k = 37;
k++;
//Se visualiza 38
System.out.println(k);
```

Atrás de la simple instrucción ++, son ejecutadas las siguiente operaciones:

*   *unboxing* del objecto *Integer k* a un valor entero;
*   incremento de una unidad del valor entero;
*   *autoboxing* del valor entero en el objecto *k*.

Veamos otro ejemplo con el operador *not* (!) en un objeto de tipo *Boolean*:

```
Boolean bool = false;
System.out.println(!bool);
```

Autoboxing y parametros

Aprovechando la técnica de *autoboxing* es posible definir métodos que acepten parámetros genéricos de tipo *Object* y luego utilizarlos con tipos primitivos. Consideremos el siguiente método *unMetodo* de la clase *UnaClase*:

```
public class UnaClase
{
...
        public void unMetodo(Object o)
        {
            ...
            ...
        }
...
}
```

Con Java 5 es posible invocar el método pasando como parámetro un tipo primitivo (por ejemplo *int* o *float*).

```
UnaClase a = new UnaClase();
a.unMetodo(5);
a.unMetodo(5.4);
```

Obviamente el método *unMetodo* tendrá que tener cuidado y hacer un uso correcto del parámetro.

Conclusiones

Hemos visto como las técnicas de *autoboxing* y de *unboxing* representan una grande ventaja por el programador para escribir código mas compacto y mas claro. Las prestaciones, sin embargo, no mejoran en respecto a Java 1.4.

En realidad lo que hace el compilador de Java 5 es agregar de manera automática el código que sirve para envolver los tipos primitivos en las clases *wrapper*.

Capítulo 2

Bucle For

Java 5 ofrece una nueva versión del bucle *for* que, como veremos, es muy útil cuando se recorren array y collection. En este capitulo analizaremos la sintaxis y el uso de dicha instrucción que viene también llamada *enhanced for*, o sea, *for mejorado*.

Sintaxis

Hasta la versión 1.4 de Java, la instrucción *for* presenta la siguiente sintaxis:

for (inicialización;condición_booleana;instrucción_fin_de_ciclo){

> *conjunto_de_sentencias*

}

El ciclo termina cuando la condición booleana sea falsa.

Ademas de esta sintaxis, Java 5 introduce una nueva mas compacta específicamente pensada para recorrer set de datos:

for (Tipo variable:expresión){

> *conjunto_de_sentencias*

}

Expresión es un array o una instancia de la nueva interfaz *Iterable*. En Java 5, un objeto de tipo *Collection* implementa la interfaz *Iterable*.

Tipo es el tipo de los objetos contenidos en el array o en la *Collection*.

Variable es el nombre asociado a cada elemento que se utilizará en cada ciclo.

> **For o foreach?**
> En C#, el grande antagonista de java, existe la palabra clave foreach para un tipo de bucle que hace lo mismo del "*for mejorado*" de java 5 y que se diferencia del for clásico. En java 5 se eligió de no introducir una nueva palabra clave reservada, sino sobrecargar el existente for. Elección buena o mala? Cada uno de ustedes tendrá su propia respuesta.

Recorrer Array

En las versiones anteriores de Java para recorrer un array se procede de la siguiente manera:

```
int vArray[]={14,26,7,91};
for (int i = 0; i < vArray.length; i++) {
  System.out.println("Array("+i+")="+vArray[i]);
}
```

Bucle infinito

En Java el siguiente código es perfectamente correcto:

```
for (;;)
```

Lo que hicimos es crear un bucle *for* sin ninguna condición inicial, instrucción de fin de ciclo ni condición para salir. En este caso para salir del bucle es necesario poner una instrucción **break**. Es buena regla no utilizar nunca estos tipos de bucle para no arriesgar caer en la clásica pesadilla de todos los programadores: un bucle infinito.

En Java 5 se puede todavía usar esta técnica, aunque sea mas aconsejable utilizar la nueva:

```
int vArray[]={14,26,7,91};
for (int item: vArray) {
  System.out.println(item);
}
```

El código resulta ser mas compacto y ademas no se necesita declarar una variable indice (la clásica *i*), porque es la variable *item* que contendrá por cada ciclo el valor i-esimo del array. De esa manera serán mas fácil también otras operaciones, como por ejemplo sumar todos los elementos de un array.

```
// Suma
int vArray[]={14,26,7,91};
int suma = 0;
for (int item: vArray) {
  suma += item;
}
System.out.println(suma);
```

Nos surge una pregunta entonces: nunca mas se ira a utilizar la vieja manera para recorrer un array? En realidad habrán ocasiones cuando resultara necesario utilizar los indices. Supongamos, por ejemplo, que queremos buscar el valor mas grande en un array. Utilicemos la nueva notación:

```
int vArray[]={14,26,7,91};
int max=-Integer.MIN_VALUE;
for (int item:vArray)
{
     if (item>max) max=item;
}
System.out.println("Max="+max);
```

> **La función *max***
> En la clase *java.lang.Math* existe el método estático *max* que calcula el máximo entre dos números (*int*, *float*, *long* o *double*). Para crear métodos con numero variable de parámetros vean el capítulo 7.

Muchas veces puede pasar que no queremos conocer cual es el valor máximo, si no saber la posición del array que tenga el valor máximo. En este caso necesitamos los indices. Entonces tenemos que volver a usar la vieja notación:

```
int vArray[]={14,26,7,91};
int maxIndex=0;
for (int i=0; i<vArray.length; i++)
{
    if (vArray[i]>vArray[maxIndex])
        maxIndex=i;
}
System.out.println("Max="+vArray[maxIndex]+" en la posición "+maxIndex);
```

| Problems | Javadoc | Declaration | 🖳 Console ⊠ |

`<terminated> MainClass [Java Application] C:\Programmi\Java\jre1.5.0_06\bin\javaw.exe (5-apr-2006 20.12.38)`
`Max=91 en la posición 3`

Figura 1. *El tipo anterior de ciclo for nos sirve cuando necesitamos el indice*

El punto es que utilizamos la notación con indices solo cuando verdaderamente la necesitamos. En todas otras ocasiones aprovechamos de la nueva notación mas simple y compacta.

> **For vs while**
> En Java (así como en C) la instrucción *for* es tan flexible que puede substituir siempre la instrucción *while*. Sin embargo si consideramos los siguientes códigos:
> ```
> for (;;condición) {}
> while (condición) {}
> ```
> La segunda es preferible para un código mas manejable y legible.

Recorrer Collection

La nueva notación no funciona solo con los array, sino también con las *Collection*. En realidad, y es importante comentarlo, funciona con todas las clases que implementen la interfaz (introducida en la versión 5) Iterable. En las versiones anteriores de Java, para recorrer una *Collection* (un *ArrayList* por ejemplo) se necesitaba un código como el siguiente:

```
ArrayList list = new ArrayList();
// Agrego elementos a la lista
...
for (int i=0; i<list.size(); i++) {
  Integer k = (Integer) list.get(i);
  System.out.println(k);
}
```

Utilizando la nueva notación, el código se transforma en:

```
ArrayList list = new ArrayList();
...
...
for (Object obj: list) {
  Integer k = (Integer) obj;
  System.out.println(k);
}
```

Como se puede ver, el uso es muy parecido al de los array y vale el mismo discurso hecho para el uso de indices. Puede surgir una pregunta: porque se introdujo una nueva interfaz *Iterable* para utilizar la nueva notación del *for* con la *Collection?* No bastaba poner la condición de utilizar directamente una instancia de *Collection?* En realidad esto no hubiera sido una buena solución. Veamos por qué. La interfaz *Collection* está en el paquete *java.util.* Entonces una característica propia del lenguaje como la instrucción *for* hubiera sido dependiente de un paquete externo al lenguaje mismo *(java.util)*. Ni se podía poner *Collection* en el paquete del lenguaje *(java.lang)*, porque se iba a perjudicar la compatibilidad con las versiones anteriores. Entonces la solución fue introducir una nueva interfaz *Iterable* en el paquete *java.lang* y extender la clase *Collection* que implemente la nueva interfaz *Iterable* para que sea utilizable con la nueva notación del *for*.

For y genericos

Consideremos el siguiente código:

```java
ArrayList list = new ArrayList();
list.add(26);
list.add(29);
list.add(18);
for (Object obj: list) {
    Integer k = (Integer) obj;
    System.out.println(k);
}
```

Se puede ver como mucho de la ventaja de utilizar el nuevo tipo de ciclo *for* desaparezca en el momento que tenemos que declarar que el tipo de los elementos que vamos a recorrer es *Object* y después utilizar el "casting" para convertirlo a *Integer*.

Anticipemos un poco los genéricos, a los cuales está dedicado todo el capitulo 3 y veamos como se transforma el código sabiendo que la nuestra lista contendrá solo objetos de tipo entero y ademas aprovechando del autoboxing visto en el capitulo 1.

```java
ArrayList<Integer> list = new ArrayList<Integer>();
list.add(26);
list.add(29);
list.add(18);
for (int item : list) {
    System.out.println(item);
}
```

En este caso, ningún cast es necesario y el código resulta mas fácil para leer y mas compacto.

For anidados

Las ventajas de la nueva notación se ve todavía mas cuando tenemos que utilizar ciclos anidados. Vamos a analizar un ejemplo completo. Consideremos las siguientes dos clases *Evento* y *Dia*:

```java
import java.text.DecimalFormat;

public class Evento implements Comparable {
    private int hora;
    private int minutos;
```

```
    private String descripcion;

    public Evento(int hora, int minutos, String descripcion)
{
        this.hora = hora;
        this.minutos = minutos;
        this.descripcion = descripcion;
    }

    public String getDescripcion() {
        return descripcion;
    }

    public void setDescripcion(String descripcion) {
        this.descripcion = descripcion;
    }

    public String getHorario() {
        DecimalFormat df = new DecimalFormat("00");
        return df.format(hora) + ":" + df.format(minutos);
    }

    public void setHorario(int hora, int minutos) {
        this.hora = hora;
        this.minutos = minutos;
    }

    public int compareTo(Object obj) {
        if (obj instanceof Evento) {
            Evento turno = (Evento) obj;

            return
getHorario().compareTo(turno.getHorario());
        }
        return 0;
    }
}
```

La clase *Evento* contiene un horario (expresado con dos valores enteros, uno por la hora uno por los minutos) y una descripción del evento. Implementa la interfaz *Comparable* para ordenar los eventos según el horario.

El Papa que canceló diez días

En Java se usa la clase *GregoriaCalendar* que modela fechas. Con el decreto del 24 de febrero de 1582 (fecha conforme al viejo calendario) determinó el Papa **Gregorio** que en ese año después del 4 de octubre seguía el 15 de octubre. El viejo calendario Juliano tenía años de 365 días mas uno bisiesto de 366 cada 4 años. En realidad un año trópico dura 365 días, 5 horas y 49 minutos. Esos mas de 11 minutos contados adicionalmente a cada año habían supuesto un error de aproximadamente 10 días. El calendario gregoriano distingue un año secular (el terminando en 00 múltiplo de 100). El año secular no es bisiesto (el 1900 no fue bisiesto), con la excepción de los año seculares múltiplos de 400 (el 2000 fue bisiesto). El calendario gregoriano atrasa menos de medio minuto por año.

```
import java.text.*;
import java.util.*;

public class Dia implements Comparable {
        private List<Evento> turnos;
        private Date fecha;

        public Dia(int dia, int mes, int ano) {
                this.fecha = new GregorianCalendar(ano, mes - 1,
dia).getTime();
                turnos = new ArrayList<Evento>();
        }

        public void addEvento(Evento t) {
                turnos.add(t);
                Collections.sort(turnos);
        }

        public Date getFecha() {
                return fecha;
        }

        public String getFechaAsText() {
                SimpleDateFormat sdf = new
SimpleDateFormat("dd/MM/yyyy");
                return sdf.format(fecha);
        }

        public void setFecha(Date fecha) {
                this.fecha = fecha;
        }
```

```
public List<Evento> getTurnos() {
    return turnos;
}

public int compareTo(Object obj) {
    if (obj instanceof Dia) {
        Dia dia = (Dia) obj;
        return fecha.compareTo(dia.getFecha());
    }
    return 0;
}
}
```

La clase *Dia* contiene una fecha (modelada por un objeto de tipo *Date* y inicializada en el constructor pasando día, mes y año) y una lista de objeto de tipo *Evento,* que se va llenando llamando al método *addEvento().* Noten que en este método se ordena la lista cada vez que se agregue un evento.

Formatear fechas

Java ofrece la clase abstracta *DateFormat* y su subclase concreta *SimpleDateFormat* para formatear fechas. Veremos en el capitulo 8 que Java 5 introduce también un sistema mas fácil y rápido para lograr el mismo objetivo.

Ahora que tenemos las dos clases, podemos escribir la parte de código que cree los días y los llene de eventos.

```
...
Dia lunes = new Dia(10,4,2006);
Dia martes = new Dia(11,4,2006);
Dia miercoles = new Dia(12,4,2006);

miercoles.addEvento
        (new Evento(10,30,"Visita Medica"));
lunes.addEvento
        (new Evento(13,30,"Almuerzo con Claudia"));
martes.addEvento
        (new Evento(18,20,"Cinema"));
lunes.addEvento
        (new Evento(15,30,"Reunion con los jefes"));
martes.addEvento
        (new Evento(13,30,"Almuerzo con companeros de trabajo"));
martes.addEvento
        (new Evento(20,30,"Clase de Tango"));
lunes.addEvento
        (new Evento(19,30,"Tenis con Wim"));
miercoles.addEvento
        (new Evento(21,5,"Cena con Claudia"));
List<Dia> semana = new ArrayList<Dia>();
```

```
semana.add(lunes);
semana.add(martes);
semana.add(miercoles);
```

Ahora no queda otra que ver las ventajas de usar la nueva notación del *for* para recorrer días y eventos e imprimir nuestra agenda:

```
for (Dia d:semana)
{
    System.out.println(d.getFechaAsText());
    for (Evento t:d.getTurnos())
        System.out.println
                    (" "+t.getHorario()+
                     " "+t.getDescripcion());
}
```

Con estas pocas y sencillas lineas de código podemos acceder a todos los datos ingresados imprimiendo los resultados como en fig.2.

```
Problems | Javadoc | Declaration | 🖳 Console ☒
<terminated> MainClass [Java Application] C:\Programmi\Java\jre1.5.0_06\bin\javaw.exe (5-apr-2006 19.40.21)
10/04/2006
 13:30 Almuerzo con Claudia
 15:30 Reunion con los jefes
 19:30 Tenis con Wim
11/04/2006
 13:30 Almuerzo con companeros de trabajo
 18:20 Cinema
 20:30 Clase de Tango
12/04/2006
 10:30 Visita Medica
 21:05 Cena con Claudia
```

Figura 2. *Los eventos ingresados se muestran ordenados gracias al hecho que la clase Evento implemente la interfaz Comparable*

Conclusiones

Una vez mas, come vimos en el capitulo anterior y como veremos en el capitulo siguiente, la novedad introducida en Java 5 ayuda al programador. En este caso, la nueva notación del *for* ofrece la posibilidad de escribir código mas compacto, elegante y sobre todo mas fácil para manejar y mantener.

Capítulo 3

Genéricos

El ser genérico es una característica esencial de la programación orientada a objetos. La posibilidad de abstraer las estructuras de datos al contenido permite construir tipos abstractos reutilizables. Para lograr eso en Java 5 se introducen los *genéricos*, o sea la posibilidad de utilizar tipos variables cuando se van a definir clases o métodos.

Introducción a los genéricos

El termino "genéricos" en Java 5 se refiere a:

- Clases que usan tipos genéricos. Son clases parametrizadas por uno o más tipos que deben ser provistos por el programador cuando quiera usar la clase creando objetos.

- Métodos que usan tipos genéricos. Son métodos en los que los argumentos y/o el resultado incluyen referencias a tipos que no se conocerán hasta que se vaya a usar el método.

Con el uso de los genéricos se elimina casi completamente la necesidad de insertar en el código fuente las operaciones de *casting*. De esa manera se desplazan a tiempo de compilación los tradicionales errores de ejecución que ocurrían en programas con fuerte uso de *casting* y se puede asegurar que no habrá excepciones de *casting* a tiempo *de* ejecución.

En este capitulo empezaremos viendo como utilizar las clases Java que usan tipos genéricos. Pues, veremos como escribir de cero clases y métodos genéricos, y como poder limitar y controlar la variabilidad de los tipos (Bound). Finalmente, se verá como se lograba la programación genérica en las versiones anteriores de Java y las limitaciones en la versión 5.

> **Templates: Los genéricos en C++**
> Para quien conozca el C++, los genéricos en Java 5 son muy parecido en su utilización a los templates (llamados también plantillas) de C++. La diferencia es que en C++ por cada instancia se genera un código, mientras en Java los tipos genéricos se substituyen con Object, agregando, donde sirve, las instrucciones de casting.

Utilizar clases que usan tipos genéricos

En Java los tipos genéricos son muy útiles cuando son utilizados en clases de tipo Collection. Creemos una lista según la normal sintaxis de Java:

```
List aList = new ArrayList();
```

De esta manera estamos creando una ArrayList de Object y se puede agregar cualquier tipo de dato (como String o Integer):

```
aList.add("Cadena Linda");
aList.add(new Integer(22));
```

Supongamos que queremos crear una lista que acepte solo cadenas de caracteres. Aprovechemos de los genéricos y escribamos:

```
List<String> bList= new ArrayList<String>()
```

Si se agregan a la lista objetos de tipo *String* todo funciona bien.

```
bList.add("Mucho mas");
bList.add("Mucho menos");
bList.add("Mas o menos");
```

Pero, si se intenta agregar objetos de otro tipo, se obtiene un error de compilación (fig.1):

```
// Produce error de compilación
bList.add(new Integer(15));
```

```
Problems  Javadoc  Declaration  Console
<terminated> MainClass [Java Application] C:\Programmi\Java\jre1.5.0_06\bin\javaw.exe (28-gen-2006 12.26.53)
Exception in thread "main" java.lang.Error: Unresolved compilation problem:
        The method add(String) in the type List<String> is not applicable for the arguments (Integer)

        at MainClass.main(MainClass.java:8)
```

Figura 1. *El compilador nos avisa que el método add prevé como argumento una objecto de tipo String*

Una grande ventaja de usar los genéricos en clases de colección se presenta cuando se va a recorrerlas para acceder a los datos. En efecto no se necesita ninguna operación de casting porque se sabe exactamente que tipo de dato está contenido.

```
List<Integer> cList= new ArrayList<Integer>();
cList.add(5);
cList.add(22);
cList.add(12);
for (int val:cList)
     System.out.println(val);
```

Noten que en el ejemplo se utilizaron las novedades introducidas en los capítulos anteriores. Naturalmente se puede utilizar como tipo genérico también una clase definida por el usuario. Consideremos tener la clase *Persona*:

```
class Persona {
public String nombre;
public String apellido;
}
```

Se puede ahora crear un *ArrayList* que contenga objetos de tipo *Persona*.

```
List<Persona> pList = new ArrayList<Persona>();
Persona p1 = new Persona();
p1.nombre = "Joe";
p1.apellido = "Naccarato";
pList.add(p1);

Persona p2 = new Persona();
p2.nombre = "Pamela";
p2.apellido = "Martinez";
pList.add(p2);

for (Persona item : pList) {
  System.out.println(item.nombre +
    " " + item.apellido);
}
```

En la siguiente tabla se muestran las clases predefinidas que usan los tipos genéricos.

Nombre	Tipo
ArrayList<E>	clase
Collection<E>	interfaz
Comparable<T>	interfaz
Comparator<A>	interfaz
Dictionary<K,V>	clase
Enumeration<E>	interfaz
HashMap<K,V>	clase
HashSet<E>	clase
Hashtable<K,V>	clase
Iterator<E>	interfaz
LinkedList<E>	clase
List<E>	interfaz
ListIterator<E>	interfaz
Map<K,V>	interfaz
Set<E>	interfaz
Stack<E>	clase
TreeMap<K,V>	clase
TreeSet<E>	clase
Vector<E>	clase

Tabla 1. *Java 5 ofrece todas las estructuras de datos mas comunes de los lenguajes de programación*

Definir clases que usan tipos genéricos

Para escribir una clase (o una interfaz) que use tipos genéricos, se introduce un nuevo tipo de notación:

```
class nombre_de_la_Clase <etiqueta_tipo_genérico>
{
...
}
```

La **etiqueta_tipo_genérico** será utilizada en la definición de la clase para operar sobre el tipo genérico y será substituida por la clase efectiva cuando se irá a crear el objeto.

Por ejemplo la interfaz *Iterator* del paquete *java.util* está definida de la siguiente manera:

```
public interface Iterator<E>{
  E next();
  boolean hasNext();
}
```

La declaración del tipo genérico en la definición de la clase se llama **tipo formal** (como en *Iterator<E>*) mientras su uso en la creación de un objeto se llama **tipo parametrizado**.

En cada instancia de la clase el tipo parametrizado se substituye al tipo formal en todas sus apariciones en la definición de la clase.

Colas y Pilas

Colas (queue) y pilas (stack) son los clásicos ejemplos de estructuras de datos que emplean respectivamente las estrategias **FIFO** y **LIFO**. FIFO está por First In First Out, o sea el primero que ingresa es el primero que sale, mientras LIFO está por Last In First Out, el último que ingresa es el primero que sale. Como ejemplo de una cola, pensemos a una cola en un supermercado, el primer cliente que se pone en cola es también el primero que es atendido (y sale). Como ejemplo de pila, imaginemos una pila de libros en una mesa. El ultimo libro que ponemos es también el primero que podemos sacar.

Veamos un ejemplo practico. Escribamos la clase **Stack** usando tipos genéricos.

```
class Stack<E> {
```

```
private ArrayList<E>
   elements = new ArrayList<E>();

public void push(E item) {
   elements.add(item);
}

public E pop() {
   int top = elements.size()-1;
   E item = elements.get(top);
   elements.remove(top);
   return item;
}

}
```

En este ejemplo, la etiqueta **E** representa el tipo formal. Esto significa que:

- la clase *Stack* utiliza una *ArrayList* que contiene objetos de tipo E;
- el método *push* acepta como parámetro un objeto de tipo E;
- el método *pop* devuelve un objeto de tipo E.

Cuando se va a utilizar la clase, se especifica el tipo real que se quiere utilizar.

```
Stack<String> stack = new Stack<String>();
stack.push("Valentina");
stack.push("Manuela");
String top = stack.top();
```

Cuando no se especifica nada, el compilador asume como tipo el mas genérico (Object).

```
Stack stack = new Stack();
stack.push("Valentina");
String top = (String)stack.top();
```

En la definición de una clase se pueden utilizar dos o mas tipos genéricos. Por ejemplo se puede definir la clase *Diccionario* que utiliza dos tipos genéricos:

```
public class Diccionario<K,V> {
private List<K> keys;
private List<V> values;
public Diccionario() {
      keys =new ArrayList<K>();
      values =new ArrayList<V>();
}
```

```
public void put(K key, V value)
{
      keys.add(key);
      values.add(value);
}

public V get(K key)
{
      int i = keys.indexOf(key);
      if (i>=0)
            return values.get(i);
      return null;
}

public void remove(K key)
{
      int i = keys.indexOf(key);
      if (i>=0)
      {
            keys.remove(i);
            values.remove(i);
      }
}
```

Hashtable y diccionarios

Un diccionario es una colección de pares claves-valores. Por una clave existe un valor correspondiente. Existen varias implementaciones de diccionarios. Una hashtable es un tipo de diccionario que usa una función (llamada hash) que genera la clave a partir del valor que se quiere insertar. En programación la hashtable representa una buena solución para abalanzar prestaciones de la búsqueda de los valores y uso de recursos de memoria.

Métodos genéricos

La programación genérica se puede utilizar también para escribir métodos genéricos. Se dice que un método es genérico cuando sus argumentos y/o su resultado se refieren a un tipo formal.

La notación para escribir un método genérico es:

```
[Modificadores] <etiqueta_tipo_generico,...> tipo_devuelto
nombre_metodo (lista_argumentos)
```

Imaginemos querer escribir un método estático que a partir de un parámetro devuelva una lista que acepte solo objetos del mismo tipo del parámetro y que contenga dicho parámetro como primer elemento. Creemos la clase *ListFactory* que contiene el método *create*:

```
class ListFactory {
    public static <T> List<T> create(T firstItem) {
        List<T> list = new ArrayList<T>();
        list.add(firstItem);
        return list;
    }
}
```

Analicemos el código. Cuando se escribe un método genérico se especifica cual van a ser los tipos formales que se utilizaran en la declaración del método. El método *create* acepta como argumento un objeto de tipo T, crea un ArrayList de objetos del mismo tipo, agrega dicho elemento como primero y devuelve la lista.

Veamos como utilizar ese método:

```
List<Integer> iList=ListFactory.create(12);
iList.add(17);
List<String> sList=ListFactory.create("Giuliano");
sList.add("Juan");
```

Como otro ejemplo, escribamos un método que intercambie dos elementos de un Array genérico. Pongamos ese método estático (que llamamos *swap*) en la clase *Utility*.

```
class Utility {
    public static <T> void swap(T a[], int i, int j) {
        T tmp = a[i];
        a[i] = a[j];
        a[j] = tmp;
    }
}
```

Lo único que hace el método swap es intercambiar los datos entre las posiciones *i* y *j*. Veamos como utilizarlos. El output se puede ver en fig.2.

```
Integer elem[] = {1,2};
Utility.swap(elem, 0, 1);
for (int i=0;i<elem.length;i++)
        System.out.println("elem["+i+"]="+elem[i]);
String elemstr[] =
        {"Como estas?", "Que tal?","Hola"};
```

```
Utility.swap(elemstr, 0, 2);
for (int i=0;i<elemstr.length;i++)
    System.out.println("elemstr["+i+"]="+
                                elemstr[i]);
```

```
Problems  Javadoc  Declaration    Console  ⊠
<terminated> MainClass [Java Application] C:\Programmi\Java\jre1.5.0_06\bin\javaw.exe (28-gen-2006 16.31.57)
elem[0]=2
elem[1]=1
elemstr[0]=Hola
elemstr[1]=Que tal?
elemstr[2]=Como estas?
```

Figura 2. *Mostramos también los indices de los array para que se vea lo que hizo el método swap.*

Subtipos y Bound

En este párrafo, veremos como se relacionan los subtipos con los genéricos. Supongamos tener una lista de cadenas de caracteres:

```
List<String> sList =new ArrayList<String>(); //instr. 1
```

Consideremos la siguiente instrucción:

```
List<Object> oList = sList; // 2
```

Es una instrucción correcta? Intuitivamente parece que lo es, porque una lista de String es también una lista de Object.

Supongamos que sea correcta y sigamos con las siguientes instrucciones:

```
oList.add(new Object()); // 3
sList.get(0); // 4
```

Analizando estas instrucciones se ve como llegamos a una contradicción. A través de la lista de Object *oList* accedemos a la lista de String *sList*. Entonces agregando un objecto a *oList*, lo agregaremos también a *sList*, que no contendrá mas solo objetos de tipo String.

En general, **si S es un subtipo de T**, y G es una clase genérica, **G<S> no es un subtipo de G<T>**. Entonces la instrucción 2 produce un error de compilación (fig.3).

```
Problems  Javadoc  Declaration  🖳 Console  ☒
<terminated> MainClass [Java Application] C:\Programmi\Java\jre1.5.0_06\bin\javaw.exe (28-gen-2006 16.36.51)
Exception in thread "main" java.lang.Error: Unresolved compilation problem:
    Type mismatch: cannot convert from List<String> to List<Object>

    at MainClass.main(MainClass.java:7)
```

Figura 3. *El compilador no puede convertir (hacer el casting) porque una lista de String no es un subtipo de una lista de Object.*

Veamos las consecuencias de esta regla. Consideremos la tarea de escribir un método genérico (en la clase *Utility*) que visualice los elementos de una Collection. Como primer intento, escribamos:

```
static void printCollection(Collection<Object> c) {
    for (Object e : c)
        System.out.println(e);
}
```

Pero, nos damos cuenta que este método no sirve para nada. Si probamos a pasar como argumento un cualquier objeto *Collection* que no sea de *Object*, se produce un error.

```
List<String> sList = new ArrayList<String>();
sList.add("Buenos Aires");
sList.add("Roma");
Utility.printCollection(sList); // produce un error
```

Como vimos antes, *sList* que es una *Collection* de *String*, no se puede pasar como argumento a un método que acepta *Collection* de *Object*, porque una *Collection* de *String* no es un subtipo de una *Collection* de *Object*. Como se puede hacer, entonces? Existen dos tipos de solución. La primera consiste en escribir un método genérico:

```
public static <T> void print(Collection<T> c){
    for (T val:c)
        System.out.println(val);
}
```

La segunda es utilizar el tipo **wildcard <?>**. El tipo wildcard se puede utilizar para indicar cualquier tipo. De esa manera el método será:

```
public static void print(Collection<?> c) {
    for (Object val:c)
        System.out.println(val); }
```

Carácter Wildcard (o comodín)

El carácter wildcard es un carácter especial que puede aparecer para substituir otros objectos (palabras, letras).

Se usa en distintos contextos. El mas famoso es el asterisco (*). En el lenguaje de acceso a base de datos (SQL), en la búsqueda el asterisco substituye una cadena de caracteres de cualquier tamaño.

También en SQL existe como carácter wildcard ?, que se usa para remplazar un carácter. Por ejemplo, se busco An?A puedo encontrar: Ania, Anna, pero no Ana ni Antonella.

La diferencia entre las dos soluciones es que en la segunda no se tiene que especificar un tipo formal, ya que utilizando el tipo wildcard ? no hace falta.

Por otro lado, en algunas ocasiones puede resultar útil acotar los tipos genérico (Bound), o sea decidir que solo algunas clases se pueden usar en lugar del tipo formal. Imaginemos tener las siguientes clases y interfaz:

```
class Persona {
   ...
   ...
}

class Estudiante extends Persona {
   ...
   ...
}

class Empleado extends Persona
   implements Asalariado {
   ...
   ...
}

interface Asalariado{
   ...
   ...
}
```

Luego queremos escribir una clase genérica que acepte solo objetos de tipo Persona y sus subtipos. Escribamos:

```
class MiLista<E extends Persona>
```

De esa manera la clase solo aceptara un tipo *E* que sea subclase de *Persona*. La notación *E extends Nombre_Clase* se llama **bound** del tipo formal.

Entonces es posible utilizar la clase *MiLista* solo con *Persona*, *Empleado* y *Estudiante*:

```
// Lista de Personas
MiLista<Persona> lista1 =
  new MiLista<Persona>();

// Lista de Estudiantes
MiLista<EStudiante> lista2 =
  new MiLista<Studente>();

// Lista de Empleados
MiLista<Empleado> lista3 =
  new MiLista<Empleado>();
```

Si se intenta utilizar la clase *MiLista* con otro tipo (por ejemplo con *String*), se produce un error de compilación:

```
// Produce un error
MiLista<String> mlista = new MiLista<String>();
```

En la definición de un bound para un tipo formal es posible especificar una sola clase y un numero de interfaces separadas por el operador **&**.

```
class MiLista<E extends Persona & Asalariado>
```

Con esta declaración la clase MiLista aceptara solo subclases de Persona que implementen la interfaz Asalariado. Entonces, en este caso, solo la clase Empleado.

La métodos genéricos también pueden utilizar el bound para acotar un tipo. Consideremos la clase Diccionario, anteriormente creada. Queremos agregar un método que remueva de la Diccionario los elementos la cual clave este en una Collection pasada como argumento. Si las claves de la Diccionario son del tipo K, evidentemente queremos que los objetos contenidos en la Collection sean del tipo K o de un su subtipo.

```
public <T extends K> void removeAll(Collection<T> c)
{
    for (T k:c)
        remove(k);
}
```

Se puede ver como, en la parte de la declaración del tipo formal, se puso el bound para especificar que T tiene que ser una subclase de K. De esta manera cuando recorremos la *Collection* c y extraemos el elemento *k*, estamos seguro que dicho elemento, siendo de tipo T, es también de tipo K y podemos pasarlo como argumento al método *remove*.

También el tipo wildcard **?** se puede acotar. Supongamos queremos escribir un método para la clase *Diccionario* que adjunte otro *Diccionario*. Para hacer eso, necesitamos que los objetos claves y valores del segundo *Diccionario* sean respectivamente de una subclase de la primera. En este método utilizaremos el bound para el tipo formal y para el tipo wildcard.

```
public <T extends K> void addAll(Diccionario<T,? extends
V> h)
{
  for (T k:h.getKeys())
      put(k,h.get(k));
}
```

¿Porque el tipo de las claves del *Diccionario* pasada como argumento se tiene que declarar como tipo formal del método genérico y el de los valores se especifica solo como wildcard? Porque en el cuerpo del método se invoca el método *get* del *Diccionario h* y necesitamos explicitar el tipo de las claves para eso.

En general en un método genéricos, si necesitamos explicitar el tipo para usarlo en el cuerpo de dicho método, tenemos que declarar un tipo formal, si no podemos usar el tipo wildcard.

Hasta ahora vimos como acotar los tipos para que se acepten solo subclases de un tipo. Pero también se puede acotar un tipo para aceptar solo superclases de dicho tipo.

Siempre en nuestra clase *Diccionario* decidimos escribir un método que agregue a una *Collection* todos los valores del *Diccionario*. La *Collection* que se pasa como argumento tiene que ser de una superclase del tipo de los valores del *Diccionario*. Entonces, escribamos:

```
public void addValuesToCollection
(Collection<? super V> c)
{
    for (V value:values)
        c.add(value);
}
```

La notación utiliza la palabra clave **super** (llamada **lower-bound**) en lugar de **extends (upper-bound).** Noten que el lower-bound se puede utilizar solo con el tipo wildcard y non con un tipo formal.

Resumamos la notación que vimos en este párrafo:

* <T> Acepta el tipo T y solo ese;
* <?> Acepta cualquier tipo;
* <? extends T> Acepta T o cualquier subtipo de T;
* <S extens T> Acepta T o cualquier subtipo de T (para ser utilizado en el cuerpo del método o de la clase);
* <? super T> acepta el tipo T o cualquier supertipo de T.

Migración desde la versión 1.4

En Java 1.4 la clase *System.Object* es la superclase de todas las clase. Entonces en lugar de un *Object* puede aparecer cualquier clase. Utilizando esta propiedad se realiza la programación genérica en Java 1.4. Una *collection*, por ejemplo un *ArrayList*, puede contener elementos genéricos, o sea de tipo *Object*. Veamos un típico ejemplo para recorrer un *ArrayList* de *String*:

```
List sList = new ArrayList();
sList.add("Cadena1");
sList.add("Segunda Cadena");
sList.add("CADENA LINDA");
for (int i=0;i<sList.size();i++){
    String s = (String) sList.get(i);
    // Hago lo que quiero con la cadena
    ...
}
```

Se presentan dos problemas con este tipo de implementación:

- Se necesita un cast explicito para obtener el objeto. Eso se pone muy vulnerable a excepciones de tipo *ClassCastException*, que es una de la mas grande fuente de bug en Java;

- Se puede agregar cualquier tipo de objeto a la lista. De esta manera no estamos usando una estructura de datos homogénea y ademas podemos caer en una *ClassCastException* con mucha facilidad.

Utilizando la programación genérica de Java 5, el código se transforma en:

```
List<String> sList= new ArrayList<String>();
sList.add("Cadena1");
sList.add("Segunda Cadena");
sList.add("CADENA LINDA");
for (String s:sList) {
// Hago lo que quiero con la cadena
}
```

Por la características ya vistas de la programación genérica en Java 5, esas desventajas no existen mas. Tampoco la programación genérica en Java 5 es perfecta. En el próximo párrafo vamos a analizar sus limitaciones.

Limitaciones

Hemos visto como utilizar los tipos formales en declaraciones de clases y métodos genéricos. Con dichos tipos formales no se puede hacer todo lo que se hace con los tipos normales. Esas limitaciones sobre todo existen para que la versión 5 sea compatible con las anteriores y en algunos casos existen por causas intrínsecas a la programación genérica. Veamos las mas importantes.

Un tipo formal T no puede ser creado con una instrucción *new*. Entonces el siguiendo código no es valido y produce un error (fig.4).

```
T item= new T(); // código incorrecto
```

```
Problems  Javadoc  Declaration  Console
<terminated> Utility [Java Application] C:\Programmi\Java\jre1.5.0_06\bin\javaw.exe (28-gen-2006 16.45.12)
Exception in thread "main" java.lang.Error: Unresolved compilation problem:
    Cannot instantiate the type T

    at Utility.prova(Utility.java:27)
    at Utility.main(Utility.java:32)
```

Figura 4. *El tipo de error que se produce es muy genérico (no se puede crear una instancia del tipo T) y no nos ayuda a comprender el porque de la excepción.*

Tampoco se pueden crear array de un tipo formal.

```
T item[] = new T[300]; // código incorrecto
```

No se pueden sobrecargar métodos usando tipos formales. Por ejemplo, intentemos escribir una segunda versión del método *put* de la clase *Diccionario*:

```
public void put(K key, V value)
{
    keys.add(key);
    values.add(value);
}

public void put(V value, K key)
{
    keys.add(key);
    values.add(value);
}
```

El código anterior no es correcto. Si se piensa bien, es lógico que no sea correcto porque no se sabe que tipos serán K y V. Analicemos el siguiente código:

```
Diccionario<String,String> h = new
Diccionario<String,String>();
h.put("San Isidro","Buenos Aires");
```

Hemos creado un *Diccionario* donde sea las claves que los valores son de tipo *String*. Entonces cuando se invoca el método *put*, para el compilador es imposible distinguir entre las dos versiones.

Con los tipos formales no se puede usar el operador *instanceof*. Entonces el código siguiente es incorrecto:

```
if (val instanceof T)...
```

Por fin, en una clase genérica, los campos y métodos estáticos (de clase) no pueden referirse a un tipo formal. Por lo contrario los métodos genéricos pueden ser estáticos, como vimos en los párrafos precedentes.

Resumiendo, listemos las limitaciones mas importantes del uso de los tipos genéricos:

— No se pueden crear objetos o array de un tipo formal;

— No se pueden sobrecargar métodos usando tipos formales;

— No se puede utilizar el operador *instanceof* con un tipo formal;

— Los campos y métodos estáticos de una clase que usa tipos genéricos no pueden referirse a un tipo formal.

Conclusiones

Hemos visto como los tipos genérico representan una grande ventaja por el programador para escribir código mas claro, mas robusto, mas manejable y sobre todo mas "orientado a objetos". Sin embargo, como prestaciones, no hay ninguna ventaja en respecto a Java 1.4. En realidad lo que hace el compilador de Java 5 es remover las etiquetas de los tipos genéricos (<...>) y substituirlas con Object, agregando, donde sirve, las instrucciones de casting.

Es importante que quede claro eso: **los genéricos ayudan el programador**, pero no reflejan en ningún **mejoramiento de prestaciones**, quedando invisible, en este sentido, al usuario final.

Por otro lado se podrá ofrecer al usuario final un programa mas robusto, con mucho menos excepciones.

Capítulo 4

Metadatos

Los metadatos son informaciones adicionales que se pueden asociar a clases, interfaces, métodos y variables. Esto tipo de información adicional puede ser utilizada por herramientas que analicen el código y/o el software en ejecución.

Anotaciones

Java 5 introduce el concepto de anotación (en ingles *annotation*) para definir los metadatos. Una anotación es una información adicional que se pone delante de la definición de una entidad java (clase, método o variable). Veamos un ejemplo:

```
@SpecialMethod public void test(){
...
}
```

La anotación usada en el ejemplo es *@SpecialMethod*. Cual es su significado? Simplemente estamos dando una información adicional que una utilidad podrá leer para una análisis del código. Consideremos otro ejemplo:

```
@Autor("Enrique Vazquez") public void test(){
...
}
```

Estamos agregando una información que nos dice el autor del método. Utilizando esta información se podrá escribir una utilidad que busque todos los métodos con la anotación *@Autor* y visualice el nombre.

Las anotaciones pueden seer leídas en tres momentos distintos:

- Desde el código fuente
- Desde el código compilado (bytecode)
- Desde la aplicación en ejecución (run-time)

Cual momento elegir para leer los metadatos depende del tipo de tool que estamos escribiendo. Si queremos un tool que cree documentación podemos leer los metadatos a nivel de código fuente. Si, al contrario, queremos chequear quien es el autor del método que causó una excepción, podemos leer los metadatos a nivel de ejecución.

Declarar una anotación

En el párrafo anterior vimos como utilizar una anotación. Ahora veamos como y donde declararla. La anotación *@SpecialMethod* puede ser declarada como:

```
@interface SpecialMethod{
}
```

Esta es la mas simple de las anotaciones porque no tiene elementos. Las anotaciones sin elementos se llaman *marcadores*.

El carácter especial @

En la historia de la informática, cada carácter especial tiene su lugar. Entre todos (*, #, $, &, %) el que volvió a ser el mas exitoso fue @. Desde cuando su destino se unió profundamente con la direcciones de correo electrónico, no tuvo mas competencia y casi siempre el uso del carácter @ es simbolo de Internet, red y sistemas. Aquí lo vemos en un ambito menos famoso que lo hace regresar a nada mas que un carácter de servicio.

La anotación @*Autor* necesita un parámetro.

```
public @interface Autor
{
        public String name();
}
```

Cuando usamos una anotación tenemos que indicar el nombre y el valor del parámetro.

```
@Autor(name="Marcello") public void test (int par)
    {
            System.out.println("Metodo test");
    }
```

Sin embargo, si la anotación tiene un solo parámetro y queremos usar una notación mas compacta, podemos nombrar el parámetro *value* y de esta manera no hace falta especificar el nombre del parámetro cuando se usa la anotación. Reconsiderando el ejemplo anterior, declaramos:

```
public @interface Autor
{
        public String value();
}
```

En este caso podemos utilizar la anotación sin escribir el nombre del parámetro si no solo el valor:

```
@Autor("Marcello") public void test (int par)
{
        System.out.println("Metodo test");
}
```

Puedo agregar cuantos parámetros quiera. Por ejemplo, supongamos querer conocer si el autor está todavía en servicio en el equipo de trabajo. Modifiquemos la anotación:

```
public @interface Autor
{
        public String name();
        public boolean enServicio();
}
```

Cuando usamos la anotación tengo que especificar todos los parámetros.

```
@Autor(name="Marcello", enServicio=true)
public void test (int par)
{
        System.out.println("Metodo test");
}
```

Nos surge una pregunta: podemos utilizar cualquier tipo para especificar parámetros de la anotación? La respuesta es no. Solo son admitidos tipos primitivos, *String*, *Class*, enumeraciones (vean el capitulo 6), anotaciones y *arrays* de estos. Entonces si queremos agregar un parámetro *fecha*, que nos diga cuando el autor escribió el método o clase que sea, no podemos utilizar la clase Date y tenemos que conformarnos con *String*.

Los parámetros pueden tener valores por defecto. De esta manera se pueden omitir en el momento de usar la notación. Supongamos, por ejemplo, que por defecto el autor haga parte de nuestro equipo de trabajo. Escribamos:

```
public @interface Autor
{
        public String name();
        public boolean enServicio() default true;
}
```

Entonces podemos escribir, sin caer en error:

```
@Autor(name="Marcello") public void test (int par)
{
        System.out.println("Metodo test");
}
```

En este caso el parámetro *enServicio* asumirá valor *true*.

Anotaciones predefinidas

Java 5 ofrece 6 anotaciones predefinidas. Algunas de estas son meta-anotaciones, a decir se aplican a su vez para anotar anotaciones. Para utilizarlas tenemos que recordar de importar el paquete *java.lang.anotation*. Veamolas.

@Retention

Esta meta-anotación indica el nivel de disponibilidad del anotación. Hay tres valores posibles:

- **RetentionPolicy.SOURCE.** La anotación está disponible solo a nivel de código fuente.

- **RetentionPolicy.CLASS.** La anotación está disponible a nivel de código fuente y de código compilado.

- **RetentionPolicy.RUNTIME.** La anotación está disponible en todos los niveles (código fuente, código compilado, ejecución).

	Código fuente	Código Compilado	En ejecución
RetentionPolicy.SOURCE	Si	No	No
RetentionPolicy.CLASS	Si	Si	No
RetentionPolicy.RUNTIME	Si	Si	Si

Tabla 1 – *Por defecto una anotación es disponible solo a nivel de código fuente.*

@Documented

Esta anotación es una meta-anotación y señala que la anotación que se está declarando sirve para documentación y entonces para ser usada por herramientas como javadoc o similares.

```
@Documented
@interface Autore {
    String nome();
}
```

Obviamente es solo una indicación. Un herramienta personalizada podría ignorar completamente esta anotación.

@Target

Esta meta-anotación indica a que tipo de entidades java se puede aplicar la anotación. Por ejemplo se puede decidir que una anotación puede aplicarse solo a un método o a una clase. Los valores admitidos están contenidos en la enumeración *java.lang.annotation.ElementType*.

Valor	Aplicable en declaración de
ANNOTATION_TYPE	Anotaciones (estamos declarando una meta-anotación)
CONSTRUCTOR	Constructores
FIELD	Campos (variables de clase)
LOCAL_VARIABLE	Variables locales
METHOD	Métodos
PACKAGE	Paquetes.
PARAMETER	Parámetros
TYPE	Clases, interfaces (incluyendo anotaciones) y enumeraciones.

Tabla 2. *La meta-anotación Target acepta un array de la enumeración ElementType*

Veamos un ejemplo. Supongamos escribir la anotación *@Autor* definida solo por clases y métodos.

```
@Target({ElementType.METHOD,ElementType.TYPE})
public @interface Autor
{
    public String value();
}
```

Entonces podemos aplicarla en la declaración de un método.

```
@Autor("Marcello") public void test (int par)
{
    System.out.println("Metodo test");
}
```

Si intentamos aplicar la anotación en una declaración de una entidad java que no estaba entre los parámetros de *@Target* el compilador nos da un error (fig.1).

```
Problems  Javadoc  Declaration  Console
<terminated> MainClass [Java Application] C:\Programmi\Java\jre1.5.0_06\bin\javaw.exe (1-mag-2006 13.52.17)
Exception in thread "main" java.lang.Error: Unresolved compilation problem:
        The annotation @MainClass.Autor is disallowed for this location

        at MainClass.main(MainClass.java:24)
```

Figura 1. *La anotación @Autor solo está disponible para ser usada con métodos y clases.*

@Inherited

Esta meta-anotación indica que la anotación se hereda a todas las subclases. Si uso una anotación A que tiene la propiedad *@Inherited* con una clase B, todas las subclases de B, por heredad, tendrán la anotación A, sin tener que explicitarla.

@Override

Esta anotación se usa para especificar en manera explicita que queremos hacer el *overriding* de un método. Entonces el compilador chequeará a nivel de código fuente que el *overriding* sea correcto señalando eventualmente un error a nivel de compilación. Supongamos tener la siguiente clase:

```
public class A {

    public void test()
    {
            System.out.println("Metodo A.test");
    }

}
```

Ahora queremos escribir la clase B (subclase de A) que haga el *overriding* del método test.

```
public class B extends A {

    public void test(int n)
    {
            System.out.println("Metodo B.test");
    }

}
```

Overriding

Literalmente "sobrescribir", es una técnica de los lenguajes de programación orientados a objetos que consiste en redeclarar el mismo método en una subclase para que su implementación sea distinta de la de la superclase.

En realidad lo que hicimos no es un *overriding*, sino un *overloading* del método test. El compilador no conoce nuestra intención, el código es correcto y entonces no nos avisa.

Al contrario, si agregamos la anotación *@Override* en la declaración del método el compilador chequea y señalara el error (fig. 1).

```
public class B extends A {

    @Override public void test(int n)
    {

        System.out.println("Metodo B.test");

    }

}
```

```
Problems  Javadoc  Declaration   Console
<terminated> MainClass [Java Application] C:\Programmi\Java\jre1.5.0_06\bin\javaw.exe (30-apr-2006 21.04.55)
Exception in thread "main" java.lang.Error: Unresolved compilation problem:
    The method test(int) of type B must override a superclass method

    at B.test(B.java:4)
    at MainClass.main(MainClass.java:10)
```

Figura 2. *El compilador no puede encontrar el método del cual supuestamente queriamos hacer el overriding*

La declaración correcta es:

```
public class B extends A {
    @Override public void test(){
        System.out.println("Metodo B.test");
    }
}
```

Overloading

Literalmente "sobrecargar", es un técnica de los lenguajes orientados a objetos que consiste en declarar el mismo método con distinto numero y tipo de parámetros.

@Deprecated

Esta anotación se usa para señalar que el método o la clase son "deprecated" (no se aconseja el uso por ser obsoletos). Imaginemos haber escrito una librería de clase y agregar un método nuevo que remplaza (con distinto nombre) la funcionalidad de uno viejo. Para garantizar la compatibilidad con el código existente que usa nuestra librería, no podemos sacar el viejo método. Lo que podemos hacer es agregar la anotación *@Deprecated* así que el compilador muestre un aviso (*warning*) hasta que venga remplazado por el nuevo.

Supongamos tener la siguiente clase B:

```
public class B extends A {

@Deprecated public void test() {
    System.out.println("Metodo B.test deprecated");
}
public void test(int n){
    System.out.println("Metodo B.test nuevo");
}
}
```

El método *test()* está obsoleto. Cuando queremos usarlo, el entorno de programación Eclipse nos avisa (fig.3).

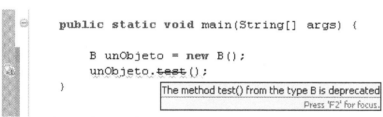

```
public static void main(String[] args) {

    B unObjeto = new B();
    unObjeto.test();
}
```
The method test() from the type B is deprecated
Press 'F2' for focus.

Figura 3. *En eclipse los métodos obsoletos aparecen como tachados (obsoleto)*

Métodos obsoletos

Java es un entorno de desarrollo en continua evolución. En cada versión hay métodos nuevos y también otros que no se utilizan mas. En relación a este tema, Java sigue la política de dejar los métodos obsoletos en la nueva versión para que todo el software ya escrito pueda seguir funcionando, pero avisa que estamos usando un método que en las futuras versiones no existirá mas.

Leer las anotaciones

Hemos visto como crear y poner las anotaciones en el código fuente. Falta la parte mas importante: leerlas. Veamos como lograr eso en tiempo de ejecución. Supongamos escribir una anotación para clases y métodos que contenga informaciones como la versión y el autor.

Como primera cosa tenemos que especificar que esta anotación puede ser leída en tiempo de ejecución utilizando la meta-anotación *@Retention*. Ademas utilizamos la meta-anotación *@Target* para que la anotación pueda ser usada solo con clases y métodos.

Escribamos entonces la clase anotación *Info*.

```
import java.lang.annotation.*;

@Target({ElementType.METHOD,ElementType.TYPE})
@Retention(RetentionPolicy.RUNTIME)
public @interface Info
{
    public String version();
    public String autor();
    public boolean versionFinal() default false;
}
```

Utilicemos la anotación en la clase *TestClass*:

```
@Info(version="0.22a", autor="Giuseppe")
public class TestClass {

    @Info(
        version="1.02",
        autor="Marcello",
        versionFinal=true)
    public void test ()
    {
        System.out.println("Metodo test");
    }

}
```

Para poder leer las anotaciones Java 5 ofrece nuevos métodos en el paquete *java.lang.reflect* en las clases *Class* y *Method*:

- *A getAnnotation(Class<A> arg)*
- *Annotation[] getAnnotations()*

Utilizando estos métodos podemos leer las anotaciones utilizadas:

```
TestClass tc = new TestClass();

Info cInfo = tc.getClass().getAnnotation(Info.class);
System.out.println("Clase:"+
                            tc.getClass().getName());
System.out.println("Version = "+ cInfo.version());
System.out.println("Autor = "+ cInfo.autor());
System.out.println(cInfo.versionFinal() ?
                        "Version Final" :
                "Necesita revisiones");
Method m = tc.getClass().getMethod("test");
Info mInfo = m.getAnnotation(Info.class);
System.out.println("Metodo: "+m.getName());
System.out.println("Version = "+ mInfo.version());
System.out.println("Autor = "+ mInfo.autor());
System.out.println(mInfo.versionFinal() ?
                        "Version Final" :
                "Necesita revisiones");
```

De esta manera visualizamos las informaciones que agregamos a la clase y al método a través de la anotación *Info* (fig.4).

```
Clase: TestClass
Version = 0.22a
Autor = Giuseppe
Necesita revisiones
Metodo: test
Version = 1.02
Autor = Marcello
Version Final
```

Figura 4. *La posibilidad de acceder a las anotaciones en tiempo de ejecución nos permite, por ejemplo, conocer el autor de un método que da excepción.*

Reflection

Se llama *Reflection* la técnica para obtener información sobre clases y objetos sin conocer el código fuente. Es una herramienta muy poderosa que nos permite acceder a librerías, examinar clases y instanciar objetos a tiempo de ejecución. El paquete java que ofrece todo esto es *java.lang.reflect*.

Conclusiones

La introducción de las anotaciones sigue el concepto de agregar novedades útiles para facilitar la programación. Sin embargo, mientras en los capítulos anteriores las mejorías son solo para el programador, los metadatos son pensados sobre todo para un equipo de programadores, para ayudar a la documentación, a la manutención y a la corrección del código. Esto nos ayuda a entender el sentido profundo de Java 5: introducir novedades para atraer los programadores no en un sentido de prestaciones, sino por todo lo que ofrece para manejar y gestionar un proyecto de desarrollo de software.

Capítulo 5

Import Estáticos

El *import* es una instrucción muy usada en Java para señalar al compilador que clases vamos a utilizar para que se puedan resolver sin especificar todo el paquete. Java 5 introduce la posibilidad de importar miembros o métodos estáticos.

Importar miembros estáticos

Los datos estáticos de una clase son casi siempre usados por definir valores constantes. Por ejemplo la clase *BorderLayout* define la constante CENTER. Para utilizarla es necesario importar dicha clase (o todo el paquete que la contiene) y referirse a esa con *BorderLayout.CENTER*. Consideremos el siguiente ejemplo:

```
import javax.swing.*;
import java.awt.*;
...

...
JFrame f = new JFrame();
f.getContentPane().add(
    new JPanel(), BorderLayout.CENTER);
```

> **Import en C#**
> C# no tiene el problema de como importar entidades estáticas, simplemente porque no existe el concepto de "importar" clases. Lo que hace es utilizar un *namespace* con la instrucción *using*. Entonces en el código se puede usar cualquier entidad (clases o valores estáticos) que comience con dicho namespace.

Con la introducción de los *import* estático sera posible omitir el nombre de la clase. La nueva instrucción es ***import static***. Veamos como usarla en el ejemplo anterior:

```
import javax.swing.*;
import java.awt.*;
import static java.awt.BorderLayout.CENTER;
...
...
JFrame f = new JFrame();
f.getContentPane().add(new JPanel(), CENTER);
```

Como por la instrucción *import*, también por la *import static* podemos utilizar el carácter *wildcard(*)* para importar todos los miembros estáticos de la clase.

```
import javax.swing.*;
import java.awt.*;
import static java.awt.BorderLayout.*;
...
...
JFrame f = new JFrame();
f.getContentPane().add(new JPanel(), CENTER);
f.getContentPane().add(new JPanel(), EAST);
```

Importar métodos estaticos

Con la nueva instrucción *import static* es posible también importar los métodos estáticos de una clase. Una clase que tiene muchos métodos estáticos es la clase *Math,* que contiene muchas funciones matemáticas.

Java.lang.Math

La clase Math es una clase muy especial. Sirve como contenedor de funciones matemáticas como la raíz cuadrada, la función de valor absoluto, el máximo entre dos enteros, etc. No se puede instanciar y solo se utilizan sus método estáticos.

Antes, cada vez que se utilizaba un método de la clase *Math* teníamos que escribir el nombre de la clase. Consideremos el siguiente código:

```
public class TestImport {
    public static void main(String[] args) {
        double x = 76.23;
        System.out.println("x = "+x);
        double rx = Math.sqrt(x);
        System.out.println
            ("raiz cuadrad de x = "+rx);
        double prx = Math.pow(rx,2.0);
        System.out.println
            ("Entonces "+rx+
             " elevado al cuadrado= "+prx);
        double lx = Math.log10(x);
        System.out.println
         ("Logaritmo en base 10 de x = "+lx);
        double px = Math.pow(10.0,lx);
        System.out.println
            ("Entonces 10 elevado a "+lx+" = "+px);
    }
}
```

Como se puede ver cada vez que necesitábamos una operación matemática (raíz cuadrada, logaritmo) tuvimos que especificar la clase de estos métodos estáticos. Aprovechando los import estáticos agreguemos una instrucción inicial y el código anterior se transforma en:

```
import static java.lang.Math.*;

public class TestImport {

    public static void main(String[] args) {
        double x = 76.23;
        System.out.println("x = "+x);
        double rx = sqrt(x);
        System.out.println
```

```
                    ("raiz cuadrad de x = "+rx);
        double prx = pow(rx,2.0);
        System.out.println(
                "Entonces "+rx+
                " elevado al cuadrado= "+prx);
        double lx = log10(x);
        System.out.println
                ("Logaritmo en base 10 de x = "+lx);
        double px = pow(10.0,lx);
        System.out.println
         ("Entonces 10 elevado a "+lx+" = "+px);
    }
}
```

Pudimos escribir las invocaciones a los métodos sin especificar la clase y el resultado se puede ver en fig.1.

Logaritmo
Un buen programador tiene que conocer bien algunas funciones básicas de la matemática. El logaritmo es una de estas. En matemática el logaritmo de un numero x en base a es el exponente al cual elevar b para obtener x. Ejemplo: $\log_2(8) = 3$ porque $2^3 = 8$. Se llama *logaritmo neperiano (o natural)* cuando la base es e, el numero de Nepero (que vale aprox. 2,7183).

```
x = 76.23
raiz cuadrada de x = 8.730979326513149
Entonces 8.730979326513149 elevado al cuadrado= 76.22999999999999
Logaritmo en base 10 de x = 1.8821259197700317
Entonces 10 elevado a 1.8821259197700317 = 76.22999999999999
```

***Figura 1**. Aplicamos dos veces dos operadores inversos pero por tema de aproximación numérica no obtuvimos exactamente el mismo numero*

Ventaja o Desventaja?

Con el uso de los import estático todo parece mucho mas simple, no es cierto? Sin embargo, esta nueva función tiene que ser usada con mucho cuidado. El abuso de métodos estáticos importados nos aleja de una buena programación orientadas a objetos y se aparece mucho mas a una programación declarativa de viejo tipo.

Ademas se introdujo la nueva instrucción *import static* distinta del simple *import* y no se sobrecargó esta ultima por dos razones principales:

- Se quiso resaltar en la lectura del código fuente los *import* de clases y interfaces distinguiéndolos de los *import* de variables y métodos estáticos para recordar al programador que solo las variables y métodos estáticos se pueden importar.

- Intentar importar variables y/o métodos non estáticos genera un error.

Ambigüedades

Java 5 tiene muchos paquetes y puede pasar que dos o mas de estos tengan variables o métodos con el mismo nombre.

Supongamos tener el siguiente código para generar una ventana que visualice dos etiquetas de texto:

```java
import javax.swing.*;
import java.awt.*;
import static java.awt.BorderLayout.*;
import static java.awt.FlowLayout.*;
import static javax.swing.JFrame.*;

public class TestImport {

    public static void main(String[] args) {

        JLabel lNorth=
            new JLabel("Estoy en un FlowLayout");
        JLabel lCenter=
            new JLabel
            ("Estoy en un BorderLayout");
        JPanel pNorth =
            new JPanel(new FlowLayout(RIGHT));
        pNorth.add(lNorth);
        JFrame window = new JFrame("Ejemplo");
        window.setDefaultCloseOperation
                (EXIT_ON_CLOSE);
        window.getContentPane().
                setLayout(new BorderLayout());
```

```
window.getContentPane().add
                    (CENTER,1Center);
window.getContentPane().add
                    (NORTH,pNorth);
window.setSize(400,300);
window.setVisible(true);
        }
    }
```

Analizando el código todo parece correcto. Utilizamos tres import estáticos para las dos clases de layout (*BorderLayout* y *FlowLayout*) y la clase *JFrame* y entonces pudimos escribir las constantes estáticas de estas clases directamente. Sin embargo si vamos a compilar, sale una excepción que nos avisa que CENTER es ambigua (fig.2).

```
Exception in thread "main" java.lang.Error: Unresolved compilation problem:
    The type CENTER is ambiguous

    at TestImport.main(TestImport.java:19)
```

Figura 2. *En las clases que modelan los layout es muy fácil encontrar una constante nombrada CENTER.*

Esto significa que en uno de los import estáticos existe una constante con el mismo nombre y el compilador no puede saber a cual nos referimos. En el ejemplo, es la clase *FlowLayout* que tiene una constante CENTER. Para resolver la ambigüedad necesitamos escribir la constante completa con el nombre de la clase. El nuevo código sera:

```
...
window.getContentPane().
                    setLayout(new BorderLayout());
window.getContentPane().add
        (BorderLayout.CENTER,1Center);
window.getContentPane().add
                    (NORTH,pNorth);
...
```

Con esta modifica ejecutando el código aparecerá la ventana (fig.3).

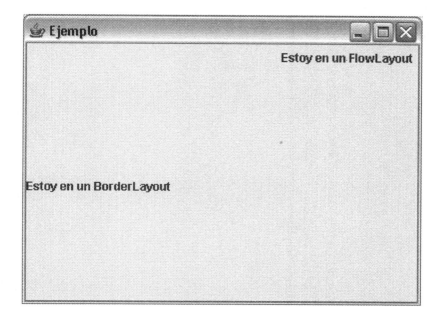

Figura 3. *La constante* CENTER *del BorderLayout no indica el alineamiento del objeto si no su posición en la ventana.*

Layout
Java ofrece muchas clases para posicionar los objetos gráficos en otros objetos gráficos que actúan como contenedores. Cada una de estas clase puede tener un layout que define las reglas de posicionamiento. Las clases de layout mas usadas son:
- **BorderLayout**
- **FlowLayout**
- **GridBag**
- **GridBagLayout.**

Conclusiones

La introducción de los import estáticos no es una gran novedad, pero seguramente es una gran comodidad para el programador. Sin embargo, no ayuda, sino por el contrario puede complicar la claridad del código en caso de clases muy grandes que utilizan muchas constantes y métodos importados estáticos. Hagan uso de esta funcionalidad con cuidado y moderación.

Capítulo 6

Enumeraciones

La enumeración es un grupo limitado de valores constantes que se están relacionados unos con otros. Esta se representa con una clase que tiene valores constantes. En las versiones anteriores, Java no preveía una estructura para definir las enumeraciones. La versión 5 introduce esta novedad. Veremos como se utiliza y que ventajas aporta.

Constantes

Supongamos querer escribir una clase que represente una enumeración. Las entidades que queremos representar son las tallas de camisas (XS,S,M,L,XL,XXL) y utilizamos constantes (campos estáticos) para representarlas. Escribimos la clase *Camisa*.

```
public class Camisa {

        public final static int XS = 0;
        public final static int S = 1;
        public final static int M = 2;
        public final static int L = 3;
        public final static int XL = 4;
        public final static int XXL = 5;

        private int talla;

        public int getTalla() {
                return talla;
        }

        public void setTalla(int talla) {
                this.talla = talla;
        }

}
```

Cada valor posible de tallas de una camisa está representada por una constante de tipo *int* (de 0 a 5).

Veamos como utilizar esta clase con un ejemplo. Creamos un objeto de tipo Camisa y asignamos una talla M.

```
Camisa camisa = new Camisa();
camisa.setTalla(Camisa.M);
```

Utilizando la constante no se necesita conocer cual es el valor entero asociado (en este caso 2). Pero existen por lo menos tres problemas con esta manera de implementar las enumeraciones.

El primer problema es que no existe ningún ligazón especial entre las constantes que representan los posibles valores de la variable y la variable misma. En realidad las constantes no son otra cosa que valores enteros y entonces pueden aparecer en cualquier lugar donde se requieren enteros.

La siguiente instrucción es totalmente correcta:

```
int edad=Camisa.L;
```

A su vez, la variable puede asumir cualquier valor, no solo los valores que especificamos en las constantes (a menos que agreguemos muchas instrucciones de control). Entonces puedo escribir:

```
camisa.setTalla(121);
```

Ademas, supongamos querer visualizar la talla de la camisa. Entonces escribamos:

```
System.out.println (
    "La talla de la camisa es "+camisa.getTalla());
```

De esta manera nos damos cuenta que aparecen los valores enteros (fig.1). En este caso tendríamos que escribir una función de decodificación.

Para resolver estos tipos de problemas Java 5 introduce la posibilidad de definir las enumeraciones como tipos de dato distintos.

```
La talla de la camisa es 2
```

Figura 1. *El valor entero no nos ayuda a entender cual es el valor que quería representar la enumeración.*

Enum

Una enumeración es un tipo de dato definido por el usuario con la siguiente sintaxis:

[modificadores] **enum**{*lista-valores*}

La enumeración es un tipo de dato así como lo es una clase. Por eso el entorno Eclipse lo pone en la estructura de un paquete al mismo nivel (fig.2).

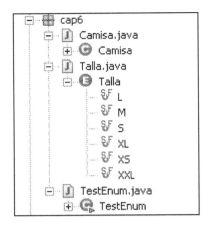

Figura 2. *El icono que muestra una E, nos indica que Talla es una enumeración*

Podemos definir una enumeración *Talla* en la siguiente manera:

```
public enum Talla {
    XS,S,M,L,XL,XXL
}
```

Modifiquemos la clase *Camisa* para que use la nueva enumeración *Talla*.

```
public class Camisa {

    private Talla talla;

    public Talla getTalla() {
        return talla;
    }

    public void setTalla(Talla talla) {
        this.talla = talla;
    }

}
```

Donde pongo la enumeración?

La enumeración es un tipo a todos los efectos. Entonces cada enumeración tiene que estar en su propio archivo .java. Sin embargo, nada nos prohíbe crear enumeraciones privadas adentro de una clase, así como se puede hacer con cualquier otra clase.

Ahora para asignar un valor al campo *talla* de la clase *Camisa*, escribimos:

```
camisa.setTalla(Talla.M);
```

Recorramos ahora los problemas encontrados en el párrafo anterior. Con la enumeración *Talla*, intentar asignar un valor entero (cual sea) al campo talla no es mas correcto. La siguiente instrucción genera una excepción (fig.3).

```
// código errado
camisa.setTalla(2);
```

```
Exception in thread "main" java.lang.Error: Unresolved compilation problem:
    The method setTalla(Talla) in the type Camisa is not applicable for the arguments (int)

    at cap6.TestEnum.main(TestEnum.java:11)
```

Figura 3. *Talla es ahora un tipo y no puede ser substituido por un valor entero.*

Lo mismo pasa si intentamos asignar a una variable entera el valor de la enumeración con consiguiente generación de excepción.

```
int t = camisa.getTalla(); // código errado
```

Que sucede si intentamos visualizar una enumeración? Las enumeraciones son visualizadas con su nombre simbólico (etiqueta) convertido en cadenas de caracteres. Esto significa que ahora la siguiente instrucción muestra el valor 'M'.

```
System.out.println (
    "La talla de la camisa es "+camisa.getTalla());
```

Para obtener todos los valores posibles de una enumeración, se puede utilizar el método estático *values* que devuelve un objeto de tipo *List*.

```
for (Talla t : Talla.values()) {
                System.out.println(t);
}
```

La palabra clave enum

Para declarar enumeraciones, Java utiliza la palabra clave *enum* tomada directamente de la sintaxis del C. Sin embargo, aunque la declaración sea parecida, las enumeraciones en Java son distintas de las en C. En java son tipos como una Clase, mientras en el mundo C son al final valores constantes.

Asociaciones de valores

Mucha veces es útil asociar a una etiqueta un valor bien preciso. Veamos un ejemplo de esto. Supongamos escribir una enumeración para las unidades de medida del peso. Empezamos con una enumeración sin valores:

```java
public enum UnidadPeso {
    GRAMO, KILO, TONELADA}
```

Sabemos que entre estas unidades existe una relación. Un kilo son 1000 gramos, y una tonelada son 1000 kilos (1 millón de gramos). Podemos expresar esta relación asociando un valor entero a cada etiqueta de la enumeración. Para lograr eso tenemos que agregar un constructor privado y un campo *value*:

```java
public enum UnidadPeso {
    GRAMO(1),KILO(1000),TONELADA(1000000);

    private final int value;

    private UnidadPeso(int value) {
        this.value = value;
    }

    public int value() {
        return value;
    }
}
```

Agregamos también el método publico *value()* para acceder al valor correspondiente. Entonces para crear un tipo *UnidadPeso* se escribe:

```java
UnidadPeso up = UnidadPeso.GRAMO;
```

En este caso lo que sucede es que se llama al constructor privado con el valor correspondiente a GRAMO (1).

Veamos ahora como utilizar esta enumeración. Queremos hacer un inventario del peso de objetos. Creamos una clase *Cosa* así definida:

```java
public class Cosa {

    private String descripcion;
    private double peso;
    private UnidadPeso unidadDePeso;

    public Cosa(String descripcion, double peso, UnidadPeso unidad) {
        this.descripcion = descripcion;
```

```
            this.peso = peso;
            this.unidadDePeso = unidad;
      }

      public String getDescripcion() {
            return descripcion;
      }

      public void setDescripcion(String descripcion)          {
            this.descripcion = descripcion;
      }

      public double getPeso() {
            return peso;
      }

      public void setPeso(double peso) {
            this.peso = peso;
      }

      public UnidadPeso getUnidadDePeso() {
            return unidadDePeso;
      }

      public void setUnidadDePeso(UnidadPeso unidadDePeso) {
            this.unidadDePeso = unidadDePeso;
      }
}
```

La clase *Cosa* memoriza la descripción del objeto, el peso y la unidad de peso (gracias a la enumeración recién escrita).

Constructores privados

Las enumeraciones son clases muy particulares y tienen un constructor privado. Declarar constructores privados es también posible con cualquier tipo de clase. Pero, en general, hay que haber por lo menos un constructor publico porque no se puede crear ninguna instancia de una clase sin constructores publicos!

Utilizando los tipos genéricos (cap.3) creamos una lista de *Cosa* que llamamos *inventario* y agregamos nuestras propiedades.

```
List<Cosa> inventario = new ArrayList<Cosa>();
inventario.add(new Cosa("Auto Peugeout 206 XRD",
                        0.93,UnidadPeso.TONELADA));
inventario.add(new Cosa("MacBook Pro 15",
                        2.68,UnidadPeso.KILO));
inventario.add(new Cosa("Hard disk externo",
                        482,UnidadPeso.GRAMO));
```

Ahora, utilizando el valor asociado a cada etiqueta de la enumeración, podemos visualizar el listado de todos los elementos con el peso total en gramos (fig.4).

```
System.out.println("Mis Cosas:");
double total_en_gramos=0;
for (Cosa c:inventario)
{
    System.out.println(c.getDescripcion()+ " pesa
"+c.getPeso()+" "+c.getUnidadDePeso()+"S");
    total_en_gramos +=
c.getPeso()*c.getUnidadDePeso().value();
}

System.out.println("\nEn total mis cosas pesan"
            +total_en_gramos+" gramos");
```

```
Problems  Javadoc  Declaration  Console  X
<terminated> TestEnum [Java Application] C:\Programmi\Java\jre1.5.0_06\bin\javaw.exe (4-mag-2006 13.42.58)
Mis Cosas:
Auto Peugeout 206 XRD pesa 0.93 TONELADAS
MacBook Pro 15 pesa 2.68 KILOS
Hard disk externo pesa 482.0 GRAMOS

En total mis cosas pesan 933162.0 gramos
```

Figura 4. *El método publico* **value()** *nos dio el valor de cada unidad y pudimos calcular el peso total*

Tipos de constantes

El el párrafo anterior vimos que se pueden asociar valores enteros por cada elemento de la enumeración. Sin embargo estos valores pueden ser de cualquier tipo y no solo enteros. Supongamos que queremos agregar como elemento a la enumeración *UnidadPeso* la onza. Esta unidad corresponde a 28.35 gramos. Entonces reescribamos la enumeración *UnidadPeso* con el nuevo elemento y con el campo *value* que sea de tipo *double*.

```java
public enum UnidadPeso {
    GRAMO(1),KILO(1000),
    TONELADA(1000000),ONZA(28.35);

    private final double value;

    private UnidadPeso(double value) {
        this.value = value;
    }

    public double value() {
        return value;
    }
}
```

No tenemos que hacer ningún cambio en la clase Cosa, mientras agregamos un instrucción para insertar un nuevo objeto en la lista *inventario* con peso expresado en onzas.

```java
...
inventario.add(
        new Cosa("iPod Nano",
                1.5,UnidadPeso.ONZA));
...
```

Cuanto pesa una onza?
La pregunta no es trivial. Existen distintos tipos de onza.
La *onza común* (o *avoirdupois*) pesa 28,35 gramos.
La *onza troy* es usada solo en numismática y joyería y pesa 31,1 g.
En España se usaba la *onza medicinal* que equivalía a 28,75 g.

El nuevo output resultará como en fig.5.

```
Problems  Javadoc  Declaration  [] Console  ⊠
<terminated> TestEnum [Java Application] C:\Programmi\Java\jre1.5.0_06\bin\javaw.exe (4-mag-2006 16.05.52)
Mis Cosas:
Auto Peugeout 206 XRD pesa 0.93 TONELADAS
MacBook Pro 15 pesa 2.68 KILOS
Hard disk externo pesa 482.0 GRAMOS
iPod Nano pesa 1.5 ONZAS

En total mis cosas pesan 933204.525 gramos
```

Figura 5. *Agregar un iPod nano de 1.5 onzas resultó en un incremento del total de 42.525 gramos*

Es posible también asociar a cada elemento de una enumeración más de un valor. Agregamos, por ejemplo, un campo de tipo *String* con la abreviatura de la unidad de peso.

```java
public enum UnidadPeso {
GRAMO(1,"g"),KILO(1000,"kg"),TONELADA(1000000,"t"),ONZA(28.35,"
oz");
    private final double value;
    private final String abreviacion;
  private UnidadPeso(double value, String abreviacion){
    this.value = value;
    this.abreviacion = abreviacion;
  }

  public String abreviacion() {
      return abreviacion;
  }

  public double value() {
    return value;
  }
}
```

En el código de visualización modificamos para que aparezca la abreviación de la unidad.

```java
...
for (Cosa c:inventario){
    System.out.println(c.getDescripcion()+" pesa "+
    c.getPeso()+c.getUnidadDePeso().abreviacion());
    total_en_gramos +=c.getPeso() *
                    c.getUnidadDePeso().value();
}
...
```

Enum y switch

Las enumeraciones pueden ser utilizadas dentro la estructura *switch*. Como ejemplo utilizamos la clase *Camisa* y la enumeración *Talla*.

```
Camisa camisa = new Camisa();
camisa.setTalla(Talla.S);
System.out.print("La camisa me queda ");
switch (camisa.getTalla()) {
    case XS:
    case S:
            System.out.println("chiquita");
            break;
    case M:
    case L:
            System.out.println("bien");
            break;
    case XL:
    case XXL:
            System.out.println("Ancha");
            break;
}
```

Noten que usamos directamente la etiqueta de la enumeración sin el nombre de la enumeración. Esto pasa porque la estructura del *switch* sabe que enumeración estamos tratando. Si intentamos escribir el nombre de la etiqueta completo (como en el siguiente código) vamos a generar una excepción (fig.6).

```
switch (camisa.getTalla())
{
case Talla.XS:  //  Este código
case Talla.S:   //  no es correcto
        System.out.println("chiquita");
        break;
...
}
```

Problems | Javadoc | Declaration | Console
```
<terminated> TestEnum [Java Application] C:\Programmi\Java\jre1.5.0_06\bin\javaw.exe (4-mag-2006 17.00.54)
Exception in thread "main" java.lang.Error: Unresolved compilation problems:
        The enum constant Talla.XS reference cannot be qualified in a case label
        The enum constant Talla.S reference cannot be qualified in a case label

        at cap6.TestEnum.main(TestEnum.java:16)
```

Figura 6. *En términos de sintaxis es incorrecto escribir adentro del switch la etiqueta completa con el nombre de la enumeración.*

Conclusiones

La introducción de las enumeraciones es una de las novedades mas esperadas de Java 5, porque son estructuras que se necesitaban desde hace tiempo. Quien venia de programar en otros lenguajes, como C o C++, las extrañaba mucho y con razón. Por fin se introdujo, con mucho valor agregado y ayudara a mantener un código más limpio y a eliminar la necesidad del uso masivo de constantes y variables estáticas.

Parámetros variables

Java 5 permite de definir métodos con numero variable de parámetros. Veamos como usarlos y como aprovechar de esta nueva funcionalidad del lenguaje.

Declarar métodos

Para declarar métodos con numero variable de parámetros se introduce una nueva sintaxis:

modificadores Tipo nombre_metodo (Tipo ... nombre_args)

La novedad son los tres puntitos que nos indican la variabilidad del numero de los parámetros. Adentro del método los parámetros son vistos como un array.

Entonces una declaración correcta puede ser la siguiente:

```
public void test(Object ...params)
```

Las siguientes son llamadas correctas al método *test*:

```
test(o1);
test("Prueba",22);
test(o1,o2,o3,o4);
```

También es correcta una llamada sin parámetros (que resulta en pasar como parámetro un *array* vacío):

```
test();
```

Escribamos un método que muestre el numero de parámetros y sus valores.

```
public void test(Object ...params)
{
     System.out.println("Numero de parametros: "+
                                    params.length);
     for (Object o:params)
     {
            System.out.println(o);
     }
}
```

Ejecutando el código siguiente obtendremos el resultado que aparece en fig.1.

```
test("Que raro","No saber",
      "Cuantos parametros hay");
test("Claudia", 30);
test();
```

```
Problems   Javadoc   Declaration   ☐ Console  ☒
<terminated> TestParam [Java Application] C:\Programmi\Java\jre1.5.0_06\bin\javaw.exe (4-mag-2006 19.41.03)
Numero de parametros: 3
Que raro
No saber
Cuantos parametros hay
Numero de parametros: 2
Claudia
30
Numero de parametros: 0
```

Figura 1. *Llamar a un método con un numero variable de parámetros sin algún argumento es totalmente correcto.*

Numero variable de parámetros en C

Métodos o funciones con numero variable de parámetros no son una novedad en el mundo de la programación. En C existía ya esa posibilidad y la sintaxis es la siguiente:

Tipo nombre_metodo (Tipo nombre_args, ...)

Como se puede ver es muy parecida a la de Java. Lo que cambia es la posición de los tres puntitos.

La lista de parámetros puede ser de cualquier tipo. En el siguiente ejemplo escribimos una método que acepte un numero variable de enteros y devuelve la suma.

```
static public int suma(int ... params)
{
      int res=0;
      for (int e:params){
            res+=e;
      }
      return res;
}
```

Utilicemos la función recién escrita.

```
int res1 = suma (2,7,8);
int res2 = suma (9,10,-5,91);
int res3 = suma ();
System.out.println(res1);
System.out.println(res2);
System.out.println(res3);
```

Las instrucciones anteriores son correctas y sus resultados se ve en fig.2.

```
Problems  Javadoc  Declaration  ☐ Console  ☒
<terminated> TestParam [Java Application] C:\Programmi\Java\jre1.5.0_06\bin\javaw.exe (5-mag-2006 13.10.22)
17
105
0
```

Figura 2. *La llamada al método suma() sin parámetros devuelve 0.*

Como vimos, en el cuerpo del método los parámetros son vistos como un único *array*. Entonces es también posible llamar al método pasando como parámetro directamente un *array*.

```java
int datos[] = new int[]{29,-12,10,5};
suma(datos);
```

Inicializar un array

La sintaxis para inicializar un array es:

```java
int[] unArray;
unArray = new int[]{5,8,2};
```

Sin embargo es posible una notación mas rápida que es la siguiente:

```java
unArray = {5,8,2};
```

Agregar otros parámetros

Hasta ahora vimos como declarar métodos que tengan un numero variable de parámetros del mismo tipo. Como se portan estos métodos si queremos agregar otro tipo de parámetros? Como regla, se pueden utilizar otros parámetros pero el parámetro variable tiene que ser el ultimo especificado. El que sigue es un ejemplo correcto:

```java
public void test2 (String s, int ...params){
...
}
```

Por el contrario la siguiente instrucción es incorrecta y el compilador nos mostrara una excepción (fig.3).

```java
public void test2 (int ...params, String s){
...
}
```

```
public void test2 (int ...params, String s)
{                    The variable argument type int of the method test2 must be the last parameter
}
```

Figura 3. *El entorno Eclipse nos muestra la excepción antes de la ejecución.*

Mas parámetros variables

Java no permite el uso de más de un parámetro variable. Si se necesitan más, la solución es utilizar tantos arrays cuantos son los parámetros variables que necesitamos. Por ejemplo:

public void test(int[] p1, int[] p2, String[] p3).

Por esta misma razón no puede ser declarado un método con dos parámetros de tipo variable. La siguiente instrucción es incorrecta.

```
public void test2 (int ... param1, String ... param2){
...
}
```

Al contrario declarar un método con un parámetro fijo y un parámetro variable del mismo tipo es correcto.

```
public void test2 (int p, int ... param1){
...
}
```

Sin embargo, si se quiere sobrecargar este método con otra declaración hay que tener cuidado de no escribir algo en conflicto con el anterior. Veamos esto con un ejemplo. Supongamos querer sobrecargar el método anterior con esta nueva versión:

```
public void test2 (int ... param1){
...
}
```

Esta declaración es correcta, pero vamos a ver que pasa cuando se llama al método *test2*. Si lo llamamos sin parámetros es claro que nos referimos al segundo:

```
test2();
```

Sin embargo, si lo llamamos con uno o mas parámetros,el compilador nos sabe cual de las dos versiones usar (fig.4).

```
test2(4);
test2(5,7);
```

Problems | Javadoc | Declaration | 🖳 Console ✕

<terminated> TestParam [Java Application] C:\Programmi\Java\jre1.5.0_06\bin\javaw.exe (5-mag-2006 14.24.57)

```
Exception in thread "main" java.lang.Error: Unresolved compilation problem:
    The method test2(int, int[]) is ambiguous for the type TestParam

    at cap7.TestParam.<init>(TestParam.java:59)
    at cap7.TestParam.main(TestParam.java:41)
```

Figura 4. *El compilador no puede resolver cual versión del método test2 utilizar.*

La única manera para no caer en esta ambigüedad es especificar siempre un *array* como parámetro variable.

```
test2(4,new int[]{3,2,1}); // primera versión
test2(new int[]{12,1,9}); // segunda versión
```

Sin embargo de esta manera estamos perdiendo todas las ventajas de utilizar los parámetros variables.

Conclusiones

La posibilidad de escribir métodos con un numero variable de parámetros es sin duda una ventaja para compactar el código, limitando el numero de constructores y de métodos sobrecargados. Sin embargo, agrega algo (como en el caso de las enumeraciones tratadas en el capitulo anterior) que en la competencia (C, C++ y C#) ya existía desde tiempo.

Podemos decir, entonces, que esta funcionalidad no constituye una novedad en el mundo de la programación, si no que permite a Java de alcanzar el nivel de otros lenguajes.

Capítulo 8

Output formateado

Java, en sus versiones anteriores, ofrece muchas clases para formatear valores para la visualización (en el paquete *java.text*). Sin embargo a veces resulta muy complicado su uso y por eso surgió la necesidad de una manera mas rápida (pero al mismo tiempo completa) para formatear el output.

Los métodos *format* y *printf*

La clase *PrintStream* en Java 5 introduce un nuevo método *format* para formatear el output. Este nuevo método es con numero variable de parámetros (que vimos en el capitulo anterior). Empecemos con un ejemplo de uso (fig.1).

```
int edad =30;
System.out.format("Yo tengo %d anos ", edad);
```

```
Problems | Javadoc | Declaration | 🖥 Console ✕
<terminated> TestFormat [Java Application] C:\Programmi\Java\jre1.5.0_06\bin\javaw.exe (6-mag-2006 19.04.59)
Yo tengo 30 anos
```

Figura 1. *El valor de la variable edad aparece donde pusimos el marcador %d*

Analicemos el código. La parte importante es el carácter especial **%** seguido por **d** (*%d*). Este funciona como un *marcador* (*placeholder*) para indicar que en ese lugar tiene que aparecer un dato variable, que es pasado como parámetro (en el ejemplo *edad*). En otros términos me dice donde y como visualizar el dato que estoy pasando como parámetro. El numero de marcadores tiene que ser iguales al numero de parámetros. El siguiente código genera una excepción a nivel de ejecución (fig.2).

```
int edad =30;
System.out.format("Yo tengo %d %d anos ", edad);
```

```
Problems | Javadoc | Declaration | 🖥 Console ✕
<terminated> TestFormat [Java Application] C:\Programmi\Java\jre1.5.0_06\bin\javaw.exe (6-mag-2006 19.15.40)
Yo tengo 30 Exception in thread "main" java.util.MissingFormatArgumentException: Format specifier 'd'
        at java.util.Formatter.format(Unknown Source)
        at java.io.PrintStream.format(Unknown Source)
        at cap5.TestFormat.main(TestFormat.java:10)
```

Figura 2. *El interprete Java no encuentra el parámetro correspondiente al segundo marcador.*

La revancha del C

El regreso a la vieja función *printf* con las mismas reglas de hace 35 anos es una verdadera revancha del viejo lenguaje C. Nos surge una pregunta: sera que todos los programadores ya tenían incorporado la manera de visualización del C y nunca se acostumbraron a la nueva, mas compleja, aunque mas completa, de Java?

La clase *PrintStream* tiene otro método *printf*, que actúa exactamente como *format* y que se introdujo como homenaje al clásico *printf* del C.

El método *format* es también presente como método estático en la clase *String* con la diferencia que no escribe en el *standard output* si no restituye un objeto de tipo *String* con los dato formateados.

Nos referiremos a los marcadores con el nombre de **caracteres de conversión**.

El método *format* ofrece varios caracteres de conversión para formatear los distintos tipos de datos. Veamolos en los siguientes párrafos.

Visualizar Texto

Empezamos con la visualización de texto. Existen dos caracteres de conversión, uno para las cadenas de caracteres (**%s**) y el otro para los caracteres individuales (**%c**).

Cadena de caracteres (string)

La sintaxis para usar el carácter de conversión para visualizar cadena de caracteres es la siguiente:

%[[-]tamaño]s

Donde *tamaño* es un numero entero y la paréntesis cuadras indican algo opcional. Por *tamaño* se indica el numero mínimo de caracteres que la cadena ocupara. Por defecto el texto se alinea a la derecha. El signo – indica, al contrario, que el texto se alineara a la izquierda.

Veamos algunos ejemplo. Quiero visualizar un listado con nombre y apellido. Utilizamos la clase *Persona* así definida:

```
public class Persona {
String nombre;
String apellido;

public Persona(String nombre, String apellido) {
        this.nombre = nombre;
        this.apellido = apellido;
    }
}
```

Escribimos el código para crear, llenar y visualizar una lista de *Persona*.

```
List<Persona> clase = new ArrayList<Persona>();
clase.add(new Persona("Marcello","Valeri"));
clase.add(new Persona("Claudia","Bonilla"));
clase.add(new Persona("Valetina","Alvarez Estevez"));
clase.add(new Persona("Joe","Naccarato"));

for (Persona p:clase)
{
    System.out.format
        ("%s %s\n",p.nombre,p.apellido);
}
```

Noten que pusimos el carácter especial \n (*newline*) para señalar el cambio de linea. El output producido por este código (fig.3) es muy básico.

Problems | Javadoc | Declaration | Console
\<terminated> TestFormat [Java Application] C:\Programmi\Java\jre1.5.0_06\bin\javaw.exe (6-mag-2006 20.40.31)
```
Marcello Valeri
Claudia Bonilla
Valentina Alvarez Estevez
Joe Naccarato
```

Figura 3. *Si no se usan las opciones de conversión no hay ninguna ventaja en utilizar la función format.*

Al contrario queremos obtener un output bien alineado. Entonces modifiquemos el carácter de conversión agregando el numero mínimo de caracteres (15) y el signo – para alinear el texto a la izquierda.

```
for (Persona p:clase){
    System.out.format
        ("%-15s %-15s\n",p.nombre,p.apellido);
}
```

El resultado ahora es mas presentable (fig.4).

Problems | Javadoc | Declaration | Console
\<terminated> TestFormat [Java Application] C:\Programmi\Java\jre1.5.0_06\bin\javaw.exe (6-mag-2006 20.42.57)
```
Marcello        Valeri
Claudia         Bonilla
Valentina       Alvarez Estevez
Joe             Naccarato
```

Figura 4. *Con una simple modifica obtuvimos un output formateado parecido a una tabla.*

Caracteres (char)

El carácter de conversión para caracteres es %c y no tiene opciones. Su uso es muy sencillo:

```
char ca = 'a';
System.out.format("Caracter: %c",ca);
```

Si usamos un numero entero en lugar de un carácter viene visualizado el carácter del código ASCII correspondiente. El siguiente código visualizará el carácter 'A' que corresponde al código ASCII 65.

```
int  ca = 65;
System.out.format("Caracter: %c",ca);
```

Código ASCII
El código ASCII (American Standard Code for Information Interchange) definido en el 1963 es el estándar que define la codificación de los caracteres y utiliza 7 bit. A cada carácter corresponde un código ascii equivalente. Por ejemplo el código ASCII del carácter 'A' es 65. Casi todos los sistemas informáticos actuales utilizan el código ASCII o una extensión compatible para representar textos y para el control de dispositivos que manejan texto.

Visualizar Enteros

Veamos ahora como visualizar valores numéricos enteros. La tabla 1 nos muestra los caracteres de conversión disponibles.

Carácter	Descripción
%d	Entero en notación decimal
%o	Entero en notación octal
%x	Entero en notación hexadecimal

Tabla 1. *Los formatos octal y hexadecimal no seran usados mucho en aplicaciones comunes*

Las sintaxis para usarlos es la siguiente:

$$\%[[-][0]tama\tilde{n}o]<d\,|\,o\,|\,x>$$

Donde el carácter | nos indica una elección. El cero nos indica si los dígitos que faltan para llegar al numero mínimo deben ser llenado con ceros y no con espacios. Veamos algunos ejemplos.

Consideremos el siguiente código:

```
int k =30;
System.out.format
        ("Yo tengo %d anos (decimal) \n",k);
System.out.format
        ("Yo tengo %o anos (octal) \n",k);
System.out.format
        ("Yo tengo %x anos (hexadecimal)\n",k);
```

En este caso nos visualizamos el mismo numero pero en formatos diferentes (fig.5).

```
Problems  Javadoc  Declaration   Console
<terminated> TestFormat [Java Application] C:\Programmi\Java\jre1.5.0_06\bin\javaw.exe (6-mag-2006 21.19.55)
Yo tengo 30 anos
Yo tengo 36 anos
Yo tengo 1e anos
```

Figura 5. *Un numero en octal (que usa dígitos de 0 a 7) puede engañarnos por aparecer siempre como un numero decimal*

Hexadecimal

El sistema hexadecimal es un sistema de representación de los números a base 16. Necesita 16 símbolos, entonces utiliza las letras de A a F para representar del 10 al 15. Entonces en hexadecimal 10 es 16, 1F es 31, 20 es 32, etc. Para convertir un decimal en hexadecimal hay que dividir por 16, anotar el resto y seguir repitiendo la operación con el resultado. Por ejemplo 485/16 = 30 con resto de **5**, 30/16 = 1 con resto de 14(**E**) y 1/16 = 0 con resto de **1**. La representación hexadecimal de **485** es **1E5**. El sistema hexadecimal tiene la propriedad que cada dígito ocupa exactamente 4 bit.

Para mostrar el uso de las opciones de conversión consideremos el siguiente ejemplo. Tenemos una clase *Producto* así definida:

```
public class Producto {

    String nombre;
    int matricula;

    public Producto(String nombre, int matricula) {
        this.nombre = nombre;
        this.matricula = matricula;
    }

}
```

> **Octal**
>
> El sistema octal es un sistema de representación de los números a base 8. Necesita 8 símbolos entonces no utiliza 8 ni 9. Entonces en octal 10 es 8, 15 es 13, 20 es 16, etc. Para convertir un decimal en octal hay que dividir por 8, anotar el resto y seguir repitiendo la operación con el resultado. Por ejemplo $491/8 = 61$ con resto de **3**, $61/8 = 7$ con resto de **5** y $7/8 = 0$ con resto de **7**. La representación octal de 491 es **753**. El sistema octal tiene la propriedad que cada dígito ocupa exactamente 3 bit.

Supongamos ahora querer visualizar un listado con nombre y matricula del producto.

```
List<Producto> productos =
                    new ArrayList<Producto>();
productos.add(new Producto("Camara Digital",31));
productos.add(new Producto("Camara Digital",43));
productos.add(new Producto("Video Camara",1201));
productos.add(new Producto("Video Camara",2402));
productos.add(new Producto("Laptop",100228));
productos.add(new Producto("Video Camara",121452));

for (Producto p:productos)
{
        System.out.format
        ("%8d %-20s\n",p.matricula,p.nombre);
}
```

Escribiendo *%8d* queremos reservar 8 posiciones para visualizar la matricula (alineada a la derecha), mientras con *%-20s* reservamos 20 (alineado a la izquierda) para el nombre del producto. El resultado se puede ver en fig.6.

```
Problems  Javadoc  Declaration   Console
<terminated> TestFormat [Java Application] C:\Programmi\Java\jre1.5.0_06\bin\javaw.exe (6-mag-2006 21.45.27)
      31  Camara Digital
      43  Camara Digital
    1201  Video Camara
    2402  Video Camara
  100228  Laptop
  121452  Video Camara
```

Figura 6. *Generalmente se prefiere alinear los números a la derecha y el texto a la izquierda.*

Puede ser útil, en el momento de visualizarlas, que todas las matriculas tengan el mismo numero de dígitos. Para lograr eso agregamos el 0 como opción de conversión.

```
. . .
for (Producto p:productos)
{
    System.out.format
            ("%08d %-20s\n",p.matricula,p.nombre);
}
. . .
```

El resultado de esta modifica está visualizado en fig.7.

```
Problems  Javadoc  Declaration   Console
<terminated> TestFormat [Java Application] C:\Programmi\Java\jre1.5.0_06\bin\javaw.exe (6-mag-2006 21.45.59)
00000031  Camara Digital
00000043  Camara Digital
00001201  Video Camara
00002402  Video Camara
00100228  Laptop
00121452  Video Camara
```

Figura 7. *De esta forma (con tamaño fijo de ocho caracteres) la matricula parece mucho mas como un código producto.*

Visualizar decimales

Para visualizar números decimales (no enteros) existen distintos caracteres de conversión (tab. 2).

Carácter	Descripción
%f	Notación decimal
%e	Notación exponencial
%g	Notación mixta
%a	Notación hexadecimal a coma móvil

Tabla 2. *La notación mixta es una notación decimal que se convierte en exponencial cuando sirva*

Las sintaxis es la siguiente:

%[[-][0]tamaño][.precisión]<f | e | g | a>

Con respeto a la notación vista con los enteros se agrega la precisión, a decir el numero de dígitos después de la coma que se quieren visualizar con excepción de g donde indica el numero de dígitos distintos de cero. Ademas, el tamaño indica el numero total de caracteres para mostrar. Consideremos el siguiente código para mostrar los distintos tipos de caracteres de conversión.

```
double x = Math.sqrt(2);
System.out.format("Raiz cuadrada de 2 = %f \n",x);
System.out.format("Raiz cuadrada de 2 = %e \n",x);
System.out.format("Raiz cuadrada de 2 = %g \n",x);
System.out.format("Raiz cuadrada de 2 = %a \n",x);
```

Lo que obtenemos aparece en fig.8.

```
Problems  Javadoc  Declaration  Console
<terminated> TestFormat [Java Application] C:\Programmi\Java\jre1.5.0_06\bin\javaw.exe (6-mag-2006 22.08.45)
Raiz cuadrada de 2 = 1,414214
Raiz cuadrada de 2 = 1.414214e+00
Raiz cuadrada de 2 = 1.41421
Raiz cuadrada de 2 = 0x1.6a09e667f3bcdp0
```

Figura 8. *La notación hexadecimal con coma móvil no es la mas intuitiva para entender que numero estamos tratando.*

Podemos especificar que queremos mostrar solo dos dígitos decimales. Las reglas para cortar los dígitos son las de la matemática.

```
System.out.format
        ("Raiz cuadrada de 2 = %.2f \n",x);
System.out.format
        ("Raiz cuadrada de 2 = %.2e \n",x);
System.out.format
        ("Raiz cuadrada de 2 = %.2g \n",x);
System.out.format
        ("Raiz cuadrada de 2 = %.2a \n",x);
```

Como se puede ver en fig.9, el carácter de conversión **g** muestra un dígitos menos de las otras notaciones.

```
Problems  Javadoc  Declaration  Console
<terminated> TestFormat [Java Application] C:\Programmi\Java\jre1.5.0_06\bin\javaw.exe (6-mag-2006 22.20.51)
Raiz cuadrada de 2 = 1,41
Raiz cuadrada de 2 = 1.41e+00
Raiz cuadrada de 2 = 1.4
Raiz cuadrada de 2 = 0x1.6ap0
```

Figura 9. *Con solo dos dígitos después de la coma la notación hexadecimal con coma móvil aparece menos "terrible"*

Para entender bien la diferencia entre los caracteres de conversión, consideremos que la nuestra variable x no sea mas la raíz cuadrada de dos si no un numero muy pequeño.

```
double x = 0.00012;
System.out.format("Numero = %.2f \n",x);
System.out.format("Numero = %.2e \n",x);
System.out.format("Numero = %.2g \n",x);
System.out.format("Numero = %.2a \n",x);
```

Con la primera notación (%f) perdimos toda la información visualizando solo 0.00, mientras con las otras esto no sucede (fig.10).

```
Problems  Javadoc  Declaration  Console
<terminated> TestFormat [Java Application] C:\Programmi\Java\jre1.5.0_06\bin\javaw.exe (6-mag-2006 22.24.50)
Numero = 0,00
Numero = 1.20e-04
Numero = 0.00012
Numero = 0x1.f7p-14
```

Figura 10. *La notación **%g** pierde menos información pero nos da menos control sobre los caracteres de visualización*

La visualización de números decimales puede resultar muy útil para representar precios y valutas. Consideremos la clase *Producto* utilizada en el párrafo anterior y modifiquemola para agregar un campo precio (en dolares).

```
public class Producto {
    String nombre;
    int matricula;
    double precio;
    public Producto(String nombre, int matricula, double
precio) {
        this.nombre = nombre;
        this.matricula = matricula;
        this.precio = precio;
    }
}
```

Creemos una lista de productos y visualicemola.

```
List<Producto> productos = new ArrayList<Producto>();
productos.add(
        new Producto("Memoria 32MB",1032,3.456));
productos.add(
        new Producto("Memoria 512MB",1512,12.2));
productos.add(
        new Producto("Usb mouse",2112,2.9));
productos.add(
        new Producto("Usb webcam",2113,6.88));
productos.add(
        new Producto("Usb scanner",2114,236));
for (Producto p:productos)
{
        System.out.format
        ("%08d %-20s $%6.2f\n",
            p.matricula,p.nombre,p.precio);
}
```

Decidimos dar 6 carácter para visualizar el precio (incluyendo el carácter . y los dos dígitos de los centavos). El resultado de nuestro código se ve en fig.11.

```
Problems | Javadoc | Declaration | Console
<terminated> TestFormat [Java Application] C:\Programmi\Java\jre1.5.0_06\bin\javaw.exe (6-mag-2006 23.47.22)
00001032 Memoria 32MB          $   3.46
00001512 Memoria 512MB         $  12.20
00002112 Usb mouse             $   2.90
00002113 Usb webcam            $   6.88
00002114 Usb scanner           $236.00
```

Figura 11. *Un listado con precios bien alineados y con el correcto numero de dígitos decimales es mucha mas fácil para leer y entender*

Visualizar Fechas y Horarios

Tratamos ahora los tipos de dato mas difícil para visualizar: fechas y horas. La complejidad nace sobre todo por el hecho que se trata de datos compuestos de otros datos como el día, el mes, el año, etc.

El carácter de conversión es **$t** que se aplica a los tipos *Date*, *long* y *Calendar*. Para saber lo que se tiene que visualizar se necesita de un prefijo y de un sufijo. El prefijo me indica a cual de los parámetros me estoy refiriendo (en caso haya otros valores para visualizar). El sufijo me indica que dato de la fecha o del horario quiero mostrar. Por ejemplo la cadena *%1$tm* me indica de mostrar el mese (*m*) del primer parámetro. En la siguiente tabla se muestran los sufijos para las fechas.

Sufijo	Descripción	Ejemplo
B	Nombre del mes	January, April
b (o h)	Nombre del mes abreviado	Jan, Apr
A	Día de la semana	Sunday, Monday
a	Día de la semana abreviado	Sun, Mon
Y	Año	2006, 1997
y (o C)	Año abreviado (2 dígitos)	06, 97
j	Día del año	1-366
m	Mes	01-12
d	Día del mes (2 dígitos)	01-31
e	Día del mes	1-31

Tabla 3. *Los distintos sufijos permiten una gran variedad de visualización de las fechas*

> **Locale**
> El idioma con el cual se visualizan meses y días de la semana depende de la configuración del entorno. En la clase *Locale*, existe el método estático *getAvailableLocales* para chequear que idiomas y localizaciones tenemos disponibles. Ademas, siempre en la clase *Locale*, se puede impostar la localización de default con el método *setDefaultLocale*.

Veamos algunos ejemplos. El siguiente código visualiza (fig.12) la fecha del 17 de febrero del 2006 en distintos formatos.

```
Calendar c = new GregorianCalendar(2006,Calendar.FEBRUARY,17);

System.out.format("%1$td/%1$tm/%1$tY\n",c);
System.out.format("%1$td-%1$tm-%1$ty\n",c);
System.out.format("%1$td %1$tB %1$tY\n",c);
System.out.format("%1$tA, %1$td %1$tB %1$tY\n",c);
System.out.format("%1$ta, %1$td %1$tb %1$ty\n",c);
```

```
Problems | Javadoc | Declaration | 🖥 Console 🔀
<terminated> TestFormat [Java Application] C:\Programmi\Java\jre1.5.0_06\bin\javaw.exe (6-mag-2006 23.46.18)
17/02/2006
17-02-06
17 February 2006
Friday, 17 February 2006
Fri, 17 Feb 06
```

Figura 12. *Esto son solo algunos de los formatos que se pueden visualizar*

Igualmente, existen distintos sufijos para visualizar los horarios (tab.4).

Sufijo	Descripción	Ejemplo
H	Hora (24) de 2 dígitos	00-23
I	Hora (12) de 2 dígitos	01-12
k	Hora (24)	0-23
l	Hora (12)	1-12
M	Minutos	00-59
S	Segundos	00-59
L	Milisegundos	000-999
N	Nanosegundos	000000000-999999999
p	Mañana/Tarde	am,pm
z	Formato RFC 822	Sat Apr 03 10:45:02 GMT 2004

Tabla 4 – *Los milisegundos pueden servir para medir la durada de un task o de una operación*

El siguiente código visualiza (fig.13) un horario en distintos formatos.

```
Calendar c = new GregorianCalendar
        (2006,Calendar.FEBRUARY,17,21,31,26);
System.out.format("%1$tH:%1$tM:%1$tS\n",c);
System.out.format("%1$tH.%1$tM\n",c);
System.out.format("%1$tl:%1$tM %1$tp\n",c);
System.out.format("%1$tA, %1$td %1$tB %1$tY at
%1$tH.%1$tM\n",c);
```

La ultima instrucción muestra un ejemplo de visualización de fecha y horario juntos.

Problems | Javadoc | Declaration | 🖥 Console ☒

\<terminated> TestFormat [Java Application] C:\Programmi\Java\jre1.5.0_06\bin\javaw.exe (7-mag-2006 0.03.57)

```
21:31:26
21.31
9:31 pm
Friday, 17 February 2006 at 21.31
```

Figura 13. *En la visualización de horario con horas 1-12 siempre nos conviene poner la indicación de la mañana o de la tarde (am/pm)*

Conclusiones

La introducción del método *format* en la clase *PrintStream* y *String*, en realidad no agregan algo nuevo en Java. Todo lo que vimos en este capitulo se puede hacer con el paquete *java.text*. La diferencia es que con este método es mucho mas fácil y rápido obtener un output formateado y, en manera implícita, es una marcha atrás al viejo estándar de formatear del C. De toda manera, una vez mas, se confirma que las novedades del lenguaje introducidas en Java 5 tienen como objetivo facilitar la vida del programador en todos los sentidos (nuevas estructuras, ciclos mas rápido, tipos genéricos, gestión y documentación del código fuente, etc.) en el intento de atraer nuevos usuarios y luchar con la competencia que hoy en día se llama C# y .net.

JDK 5 y Eclipse

Instalación de Java 5 y del entorno de desarrollo Eclipse

Sun JDK 5

El kit de desarrollo de *Java 5* es libre y se puede descargar en el sitio sun *http://java.sun.com/j2se/1.5.0/download.jsp*. La versión actualmente disponible (Octubre 2006) es *JDK 5 update 9* (fig.1).

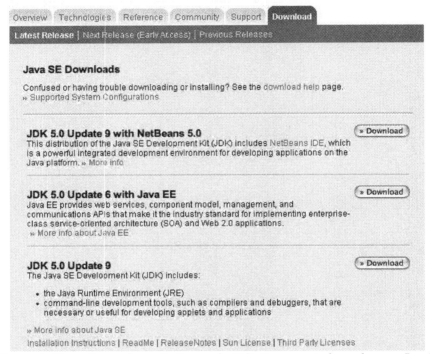

Figura 1. *Si necesitamos desarrollar para web application server podemos descargar Java EE 5 SDK.*

Sun nos propone de utilizar Java 5 junto a su entorno de desarrollo **NetBeans 5**, pero en este libro usaremos *Eclipse* entonces directamente vamos a elegir la descarga del *JDK 5 update 9* solo. El link nos lleva a una pagina que nos pide de aceptar las condiciones de licencia y donde podemos elegir la plataforma (Windows, Linux o Solaris). En este libro utilizaremos para todos los ejemplo un equipo con Windows XP, pero siendo Java, por supuesto, multiplataforma todo lo que veremos en los capítulos siguientes vale igualmente para Linux, Solaris o MacOs X (para MacOs vean la plaqueta asociada).

MacOs X y desarrollo Java

En los últimos años con el introducción de MacOs X, los equipos Apple se convirtieron en soluciones optimas para el desarrollo Java. Las herramientas para desarrollar ya están incluidas en el sistema y se combinan bien con la versión de Eclipse para Mac. Para la ultima versión disponible visiten el sitio *www.apple.com/java.*

Una vez descargado el archivo de instalación podemos lanzarlo. Una vez completada la instalación, podemos ahora seguir instalando el entorno de desarrollo.

Eclipse

Eclipse es un entorno de desarrollo de código abierto completo que tiene la mejor relación calidad-facilidad entre las herramientas gratuitas. La ultima versión, al momento de escribir este libro (Octubre 2006) es la 3.2.1.

Instalación

Para obtenerlo vamos al sitio *www.eclipse.org* en la sección *downloads.* (fig.2)

Eclipse downloads home

Get Eclipse.

If you're new to Eclipse, start by downloading the Eclipse SDK, then browse the various project pages to find the useful tools and plugins that you need. **You will need a Java runtime environment (JRE) to use Eclipse.** All downloads are provided under the terms and conditions of the Eclipse.org Software User Agreement unless otherwise specified.

Download Eclipse Distros
Download cool Eclipse bundles and distributions.

Download now: Eclipse SDK 3.2.1, Mac OS X (117 MB)

Other downloads for 3.2.1. | All versions | Release Notes | Documentation

Figura 2. *Cliqueando donde dice "Other downloads" podemos descargar eclipse para otras plataformas (Linux, MacOs X entre estas).*

Antes de la descarga la pagina nos avisa que hay que tener instalada una versión de Java. Por eso la descarga del JDK 5 tiene que ser previa y es necesaria para ejecutar Eclipse.

Descargado el archivo ZIP, su instalación es muy sencilla. Solo tenemos que descomprimirlo en la carpeta donde queramos tenerlo instalado. Para ejecutarlo solo hay que arrancar el fichero *Eclipse.exe*. Una vez arrancado lo único que nos pedirá es que le demos la ruta por defecto donde queramos que eclipse nos vaya guardando los proyectos que creemos (fig.3).

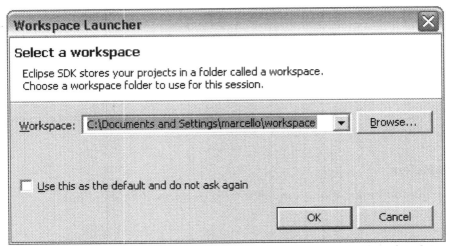

Figura 3. *Tenemos la posibilidad con el checkbox de no tener que especificar el workspace cada vez que arranquemos Eclipse.*

Elegido el path del workspace, ingresamos al entorno y cerramos la ventana de bienvenido. Por primera cosa tenemos que decir al entorno cual versión de java queremos utilizar como compilador, ejecución y también como control en linea de la sintaxis. Elegimos en el menú *Windows -> Preferences*. Nos aparece una ventana con distintas opciones. Elegimos *Java->Compiler*. Donde dice *"Compiler Compliance Level"* ponemos 5.0. De esta manera el compilador seguirá el estándar de Java 5 (fig.4).

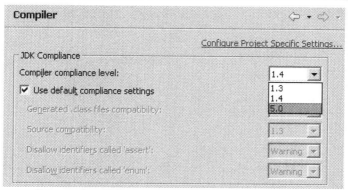

Figura 4 – *Eclipse permite seleccionar la versión de Java.*

Ahora tenemos que ir a *Java->Installed JREs* para elegir como entorno de ejecución la versión de Java que recién instalamos, la 1.5.09.

Crear un proyecto Java

Ahora que configuramos el entorno para que sea compatible con Java 5, podemos empezar a crear un proyecto Java.

Para hacer eso, seleccionamos *File->New->Project* y aparece una ventana donde vamos a elegir *Java Project* (fig.5).

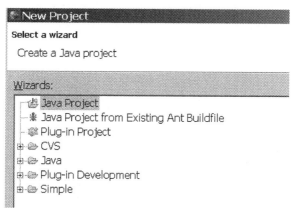

Figura 5. *Eclipse nos propone también otros tipos de proyecto*

Cliqueando *Next* vamos a una nueva ventana que nos pide el nombre del proyecto y otras configuraciones opcionales (fig.6).

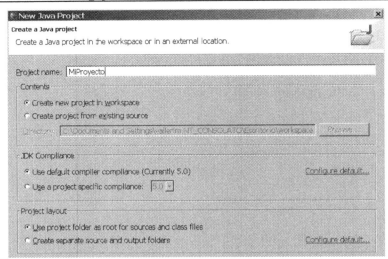

Figura 6. *Por defecto el proyecto viene creado en la carpeta del workspace*

Llegamos a la ultima ventana (fig.7), damos el Finish y ya creamos nuestro proyecto.

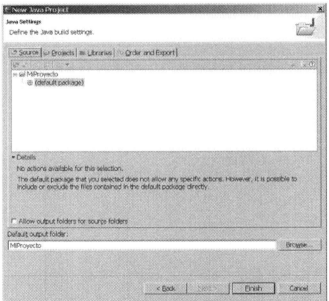

Figura 7. *En esta ultima ventana se pueden definir las librerías del proyecto*

Ahora tenemos un proyecto vacío. El próximo paso es crear un archivo Java para empezar a escribir código. Elegimos *File->New->Class*. Aparece una ventana para crear una clase que nos pide package y nombre de la clase (fig.8).

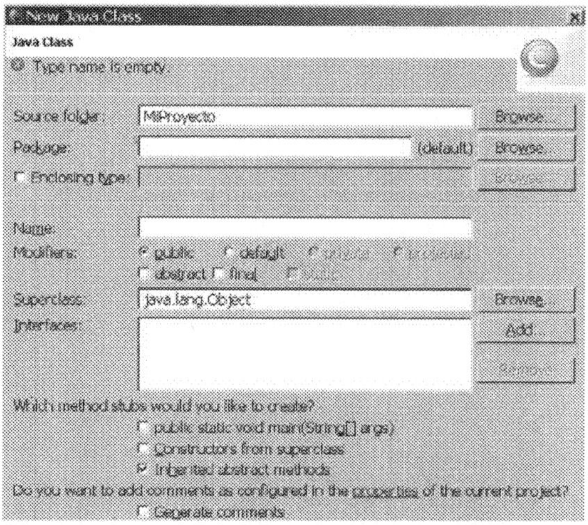

Figura 8. *Tenemos la posibilidad de especificar los modificadores y la superclase*

Cuando escribimos el nombre de un package o de una clase el entorno nos recuerda el estándar para nombrar los objetos, a decir con primera letra minùscola para package y con primera letra mayúscula para clases.Entonces si intentamos escribir como nombre de clase *persona* el entorno nos muestra un aviso (fig.9).

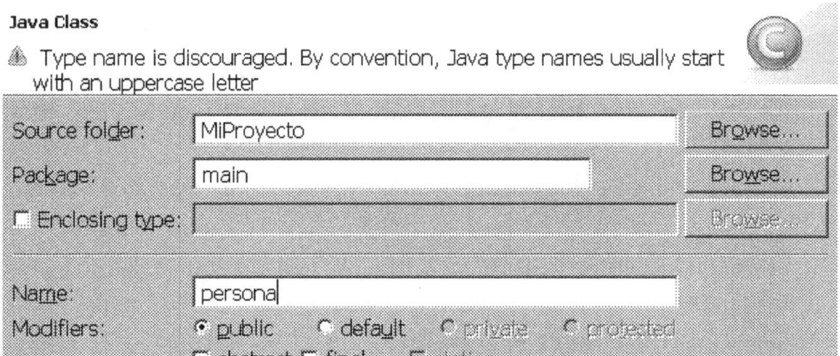

Figura 9. *El nombre de una clase siempre tiene que empezar con letra mayúscula mientras el nombre de un método con letra minúscula*

Corregimos el nombre de la clase en *Persona* y cliqueamos *Finish*. El entorno crea el archivo, agrega el código inicial y lo muestra en pantalla (fig.10).

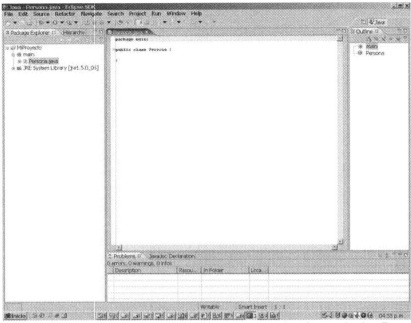

Figura 10. *El entorno creó el archivo Persona.java correspondiente a la clase Persona*

A esta altura podemos ver como la pantalla se divide en cuatro sectores:

- *Package Explorer.* Permite ver en una estructura a árbol, los proyectos, los paquetes, las clases y los archivos de nuestro *workspace*

- *Ventana de edición.* En esta ventana se pueden editar los archivos abiertos

- *Outline.* Muestra la estructura del archivo en edición (variables, métodos, ecc.)

- *Console.* En la console abajo va a salir el estándar output, las excepciones y otros tipos de mensajes para el usuario.

La disposición de los sectores en la pantalla puede ser cambiada por el usuario.

Una de las ventajas mas grande en utilizar el entorno Eclipse es que mientras escribimos nos señala *errores* o *avisos* (*warnings*). Los errores, que son señalados subrayados en rojo, no permiten al código ser ejecutado. Por lo contrario, los avisos son subrayados en amarillo y permiten que el código sea ejecutado, pero nos indican una anomalía en nuestro código.

Instalamos el entorno de desarrollo y creamos nuestro primer proyecto. Todo está listo para que ustedes empiecen a escribir código.

www.ingramcontent.com/pod-product-compliance
Lightning Source LLC
Chambersburg PA
CBHW051208050326
40689CB00008B/1237